LA TERRA DELLE RELIGIONI

Vincenzo Berghella

Traduzione: Vincenzo Berghella

Collaboratrice nella traduzione: G. Anna Di Gabriele

Copyright Page

Copyright year: 2013

Copyright notice: by Vincenzo Berghella

All rights reserved

ISBN No: 978-0-578-14244-9

Dello stesso autore:

- **Obstetric Evidence Based Guidelines.** Informa Healthcare, London U.K., and New York, U.S.A. (2007) [English; Turkish]
- **Maternal Fetal Evidence Based Guidelines.** Informa Healthcare, London U.K., and New York, U.S.A. (2007) [English; Turkish]
- **Laughter, the best medicine. Jokes for everyone.** (2007) [English]
- **Ridere, la migliore medicina.** Barzellette per bambini. (2007) [Italiano]
- **My favorite quotes.** (2009) [English]
- **In medio stat virtus – Citazioni d'autore.** (2009) [Italiano]
- **Quello che di voi vive in me.** (2009) [Italiano]
- **Dall'altra parte dell'oceano.** (2010) [Italiano]
- **Preterm Birth: Prevention and Management.** Wiley-Blackwell. Oxford, U.K. (2010) [English]
- **From father to son.** (2010) [English]
- **Sollazzi.** (2010) [Italiano]
- **The land of religions.** (2011) [English]
- **Giramondo.** (2011) [Italiano]
- **Obstetric Evidence Based Guidelines.** Informa Healthcare, London, U.K., and New York, U.S.A. (2012; Second Edition) [English]
- **Maternal Fetal Evidence Based Guidelines.** Informa Healthcare, London, U.K., and New York, U.S.A. (2012; Second Edition) [English]
- **Trip to London.** (2012) [English]
- **Il primo amore non si scorda mai.** (2012) [Italiano]
- **On the other side of the ocean.** (2013) [English]
- **Maldives.** (2013) [English]
- **Russia.** (2013) [English]

- **Happiness: the scientific path to achieving well-being.** (2014) [English]
- **New Zealand: 100% pure.** (2014) [English]

Ai tolleranti, e agli amanti della storia e dei viaggi

Introduzione

Nel novembre del 2010 ho visitato Israele per la prima volta nella mia vita. Questi sono i miei ricordi di un viaggio indimenticabile in un luogo straordinario.

Spero vivamente che questa storia, redatta originariamente in inglese, vi piaccia.

Vincenzo

Martedì, 23 Novembre, 2010

Mentre t'incammini verso la zona d'imbarco del volo internazionale, inizia il tuo viaggio. Ti guardi intorno e vedi gente vestita con abiti diversi, che parla lingue differenti. Oggi notiamo uomini che sono vestiti tutti di nero. Giacca nera, pantaloni neri, scarpe nere. E cappello nero a falda larga. E barba. Altri uomini indossano un piccolo zucchetto come copricapo, simile a quello dei cardinali e dei papi, anche questo spesso nero, a volte colorato, ma mai tutto bianco o tutto rosso. La loro barba è molto più corta. La maggior parte indossa occhiali. Le donne vestono abiti piuttosto tradizionali, non mostrano le ginocchia, nemmeno caviglie, spalle, o gomiti.

Stiamo andando a Tel Aviv, volo non-stop da Philadelphia. In dodici ore saremo in un altro continente; andare in Israele per la prima volta è molto emozionante. Sto preparando questo viaggio in dettaglio da circa un anno. Abbiamo tenuto molto occupata Elisheva dell'agenzia viaggi di Tel Aviv, e abbiamo cambiato i dettagli del viaggio almeno quattro volte per ottenere il massimo sia come tempi che come spesa. Ho redatto un documento dettagliato su ciò che faremo ogni giorno.

Sto studiando da mesi, come amo fare prima di ogni grande viaggio. Ho letto Exodus, un meraviglioso racconto tra fiction e non-fiction sulla guerra di liberazione israeliana, di Leon Uris. Ho letto la guida di Israele di Fodor. Ho letto in italiano la storia del popolo ebreo scritta da Abba Eban. Lo scorso anno, nel 2009, ho visitato Berlino e il vicino campo di concentramento di Sachsenhausen. Sempre nel 2009 sono stato al Museo dell'Olocausto di Washington.

Sono stato fidanzato con Betsy, una bella e intelligente ragazza americana ed ebrea, dal 1995 al 1997. Avrei potuto sposarla, ma probabilmente eravamo troppo giovani. Sono stato al matrimonio ebreo del fratello, a Cincinnati, e li ho visti rompere il bicchiere con i piedi, come da tradizione. Ho aiutato a trasportare in cerimonia gli sposi, seduti sulle sedie, che tenevamo in alto tra gli invitati che li festeggiavano.

Il mio cognome Berghella, apparentemente, deriva da van den Berg. Mio padre sostiene che un nostro antenato venisse dal nord

Europa e che fosse molto probabilmente ebreo. La mia religione, il cristianesimo, è stata fondata da un profeta ebreo, Gesù Cristo. Da tanti punti di vista, quindi, da adulto, ho sentito in me un po' di ebraismo, e sono sempre stato affascinato dalla loro storia.

Non ho mai avuto problemi con la gente ebrea, e di fatto li ho spesso ammirati. La maggior parte dei miei capi sono stati ebrei, incluso il Dottor Zinberg a New York, e i Dottori Wapner e Weinstein a Philadelphia. Alcuni dei migliori colleghi medici e scienziati che conosco sono ebrei. Sono persone impegnate, con tanta voglia di lavorare, seri. Ho sempre ammirato il loro impegno. Quelli che ho visto all'opera come leader o in posizioni di rilievo, l'hanno meritato.

La loro storia è unica. Le religioni di solito sono presenti in tante nazioni. L'Islam si estende sulla maggior parte del Nord Africa, il Medio Oriente, e ha l'Indonesia come paese con la maggior parte di mussulmani. Il cristianesimo è dapperttutto, in Europa, in Africa, soprattutto nell'America del Sud e Centrale. L'induismo è soprattutto in India.

Fino al 1948, l'ebraismo non aveva una sede in particolare. Era diffuso un po' dappertutto, dopo la diaspora. Nessun'altra religione ha sofferto tanto. Credo che la maggior parte delle guerre abbiano avuto ragioni religiose. L'ebraismo è contrastato da millenni. Forse perché, di tutte le attuali e più diffuse religioni, è la più antica.

Ci si sente in un ghetto sin dall'inizio del viaggio. Siamo costretti a fare una seconda e lenta fila di sicurezza, gli unici passeggeri nell'intero aeroporto a dover fare così. Ora la percentuale degli Israeliani è ben oltre la maggioranza.

Verso la fine, la fila si divide in due. Un uomo anziano, forse di sessant'anni, sceglie quella di destra. Mio figlio Andrea si sposta verso quella di sinistra. Dal momento che la fila di destra è momentaneamente ferma, l'anziano ebreo ora vuole passare alla fila di sinistra, di fronte ad Andrea, inconsapevole. L'uomo israeliano, con un sorriso sarcastico, s'infuria un po' con Andrea. Ci dice, a Paola e a me: "Dovrebbe imparare le buone maniere." Noi gli porgiamo le nostre scuse, e rassicuriamo Andrea che è stato l'anziano che ha tagliato la fila. Adesso capisco il significato di *sabra* (termine ebraico per 'fico d'india'). Questo è un frutto che è spinoso all'esterno, ma è dolce all'interno. Le persone ebree nate in Israele sono chiamate *sabras*. Ho letto che gli Israeliani, dopo millenni di persecuzione, sono spesso un po' freddi, assillanti, prepotenti. Noi ce ne rendiamo conto subito, anche qui al check-in del volo da Philadelphia per Tel Aviv.

Israele fu fondata nel 1948, dopo due millenni di diaspora. Ma la storia del popolo ebreo è molto più antica.

Intorno al 1800 a.C. Abramo segna l'inizio dell'età patriarcale ed è il primo 'ebreo' della storia. Venne da Ur, citta' dei Caldei, nell'antica Persia. Che strano se penso che ora l'Irak è uno dei peggiori nemici di Israele, ma le origini degli ebrei risalgono a quella terra.

Dio promise ad Abramo che i suoi discendenti avrebbero ereditato la terra di Canaan. Abramo non ebbe discendenti fino a tarda età. Sua moglie Sarah diede alla luce Isacco quando era molto anziana, a 90 anni! Come ostetrico, so che ciò è un'esagerazione. Infatti, la parola *yitzhak* (da cui viene Isacco) viene dal verbo 'ridere' in ebraico. Dio chiese ad Abramo di sacrificare Isacco, ma, prima che Abramo lo eseguisse, Dio ritirò il suo ordine.

Isacco, figlio di Abramo e il secondo dei tre Patriarchi, sposò Rebecca (seconda Matriarca). Rebecca è la figlia del fratello di Abramo. Isacco e Rebecca sono perciò cugini paterni di primo grado, iniziando (ma forse era già iniziata) la tradizione ebrea dei matrimoni tra cugini. Questa pratica ha portato come conseguenza che alcune rare malattie metaboliche si ritrovino più comunemente tra discendenti ebrei che in altre popolazioni. Isacco è l'unico Patriarca che visse tutta la sua vita a Canaan. Rebecca diede alla luce dei gemelli venti anni dopo il loro matrimonio.

Giacobbe è il terzo e ultimo Patriarca. Esaù (il gemello di Giacobbe) e Giacobbe potrebbero essere stati gemelli identici dal momento che uno è nato 'rosso' e uno 'bianco,' ed aver quindi la sindrome di trasfusione da gemello a gemello. Sulle mie diapositive ho immagini che descrivono questa anomalia, in cui, attraverso una placenta condivisa in comune, un feto donatore può dare del suo sangue al ricevente co-gemello. Esaù nacque prima, ma Giacobbe acquisì il suo diritto di nascita da Esaù in cambio "di pane e una minestra di lenticchie" (Genesi, 25:34). A quanto pare anche Rebecca favorì Giacobbe.

Giacobbe sposò Leah (terza Matriarca) e Rachele (quarta Matriarca). La poligamia fa parte della storia. Leah e Rachele erano sorelle. Erano anche figlie di Laban, figlio di Bethuel, fratello di Rebecca (quindi figlie di un cugino materno di primo grado di Giacobbe). Giacobbe ebbe sei figli e una figlia da Leah, e altre due bambini da Rachele (la preferita). L'ultimo figlio di Rachele si chiamava Beniamino, che significa 'figlio,' in particolare 'ultimo figlio.' Rachele morì mentre dava alla luce Beniamino. Giacobbe ebbe altri due figli con Zilpah, serva di Leah. E altri due con Bilhah, serva di Rachele. In totale: dodici figli. Da loro derivano le dodici tribù originali di Israele. Infatti, Giacobbe è anche chiamato Israele, da cui deriva il nome dell'intera nazione.

Intorno al 1200 a.C. Mosè guidò l'esodo del popolo ebraico dall'Egitto. Essi raggiunsero la Terra Santa, Israele. Si stanziarono in città-stato, sulle colline. Quasi nello stesso periodo, i Filistei che venivano dal Mar Egeo, invasero e stanziarono cinque città-stato sulla costa. Dal loro nome deriva il nome Palestina.

Intorno all'anno 1000 a.C., Davide conquistò Gerusalemme, unificò le tribù israelite e rese Gerusalemme capitale. Il re Davide è stato il primo re di Israele unita. Suo figlio Salomone divenne re nel 968 a.C.

All'ingresso A19 dell'aeroporto internazionale di Philadelphia, Paola scorge circa venti uomini che stanno guardando fuori da una finestra. Alcuni hanno le mani contro il vetro, altri tengono le mani in alto, altri reggono dei libri. La maggiorparte ha un andamento ondulatorio della parte superiore del corpo, ondeggiano avanti ed indietro. Paola me li fa notare. Stanno pregando. Devono guardare a oriente, verso il loro luogo più sacro della terra. Per loro questo è il Muro del Pianto, chiamato anche Muro Occidentale. È l'unico pezzo rimasto del loro secondo tempio, distrutto dai Romani. Saremo lì in tre giorni. Non vedo l'ora. Scommetto anche loro.

Mercoledì, 24 Novembre

Puntuali, intorno alle 3:15 di pomeriggio ora locale, atterriamo a Tel Aviv, all'aeroporto Ben Gurion. Questo aeroporto ha preso il nome dal loro famoso generale e primo ministro.

Sorprendentemente per noi, non abbiamo problemi all'aeroporto, dove il controllo dei passaporti avviene molto facilmente. Infatti gli ufficiali della sicurezza di solito ci fanno più domande alla dogana statunitense quando torniamo dall'Italia, rispetto a qui. Siamo pronti per qualsiasi tipo di domanda. Abbiamo passaporti europei (italiani) pronti nel caso quelli statunitensi causino sospetti. Ho nella mia tasca il programma ufficiale della conferenza e le emails degli inviti. La signora della dogana israeliana si prende solo i nostri passaporti statunitensi e li studia per meno di un minuto, tutti e quattro insieme. Nessuna domanda. Con un sorriso amichevole, ci manda via. Molto facile. Così tante paure precedenti si rivelano vane. Le lascio stampare il mio passaporto, anche se, alcuni dicono, ciò possa causarmi dei problemi in futuro all'entrata o uscita dai Paesi mussulmani.

La nostra gita è stata organizzata nei dettagli. Appena superiamo la dogana e prendiamo i bagagli, incontriamo una rappresentante dell'agenzia di viaggi con il cartello 'Prof. Berghella.' Lei ci porterà al pulmino.

Ma abbiamo una grandissima, inaspettata sorpresa all'uscita. Nachmy è li' ad aspettarci, e regala dei fiori a Paola, cioccolate e bevande ai ragazzi, una foto a me mentre sto giocando a calcio. Nachmy è un mio caro amico di Philadelphia. E' un ragazzo super simpatico, e trovare un viso conosciuto che ci accoglie cosi' calorosamente quando entriamo in questo Paese, per noi sconosciuto, ci riscalda l'anima.

Non potrò mai ringraziare abbastanza Nachmy per questa inaspettata, festosa accoglienza. Anche le persone dell'agenzia sono impressionate da un gesto così gentile!

Come faccio in ogni mio viaggio, durante il trasporto in città instauro una meravigliosa conversazione con l'autista della navetta. È il primo vero abitante di Tel Aviv con cui posso interagire nel suo paese.

Mentre per Israele la capitale è Gerusalemme, per tutte le altre nazioni la capitale è Tel Aviv. Sono molto colpito quando comincio a vedere la città venendo dalla parte est. Si distende lungo la costa del Mediterraneo. Vicino la riva, l'impressione è che ci siano quasi tanti grattacieli come a New York City. E questi sono nuovi, belli e scintillanti. Il prodotto interno lordo di questo nuovo paese è aumentato oltre il 3% negli ultimi anni a dispetto della recessione globale del 2007-2010. Qui non c'è alcun segno di crisi finanziaria. Si vede qualche povero, e anche dei molto poveri. Ma ci sono chiaramente molti super-ricchi.

Comincio ad imparare a pronunciare alcune parole ebraiche di base. *Toda* significa grazie. *Bevakasha* è prego o per favore. La parola più facile e più familiare è *shalom*, usata sia per dire ciao che arrivederci, come in italiano si usa ciao in entrambi i casi.

L'autista è molto simpatico e ci racconta di Israele, l'economia, il tempo atmosferico, un po' di politica. C'è molto traffico da Ben Gurion fino all'hotel. Alloggiamo al Leonardo City Tower hotel, in Ramat Gan, un quartiere di Tel Aviv.

Facciamo il check in. L'hotel è in fase di manutenzione, ma è bello, moderno, meritevole delle quattro stelle. Prelievo dal bancomat soldi israeliani, chiamati Nuovi Shekel israeliani (NIS) o semplicemente 'shekel' nella lingua comune. La guida ci ha informati che $1 vale circa 4 shekels, e le banche ora lo cambiano a 3.7 shekels. Camminiamo intorno al quartiere dell'hotel mentre aspettiamo l'arrivo della famiglia di mia sorella.

Anna è sposata con Vittorio, e sono una coppia meravigliosa. Hanno tre figli in gamba. Vincenzo, 19, è al primo anno di legge a Bologna; bello, sciupafemmine, estroverso e sensibile. Margherita ha 14 anni, frequenta il primo anno del liceo scientifico, è una scrittrice, intelligente, e profonda di pensieri. Livia è all'ultimo anno della scuola media, è sempre vestita elegante, adora interagire con gli adulti, ed è anche lei più matura dei suoi anni.

Incontriamo Anna e la famiglia Masci (il cognome di Vittorio) all'hotel. Le nostre stanze sono 1217-1218, le loro stanze 1205-1206, sullo stesso pianerottolo. È bello che sono venuti anche loro in viaggio con noi. I ragazzi si adorano l'un l'altro e Vittorio e Anna hanno gusti e interessi simili a quelli di Paola e ai miei, quindi sappiamo che andremo d'accordo. Adorano viaggiare tanto se non più di noi. È già sera inoltrata e soffriamo un po' il jet-lag. Il programma è di andare a cena. Fermiamo un taxi all'angolo e negoziamo il prezzo (come ci ha suggerito la nostra guida). Dal momento che siamo in nove, abbiamo bisogno di tre taxi.

Ceniamo da Abu Nasser, su in collina. Il mio collega Josh Copel, specialista come me in medicina materno-fetale, all'università di Yale, ce lo ha raccomandato, perché questo è il suo ristorante preferito in tutto il mondo. Ci servono inizialmente circa 20 piattini pieni di antipasti ciascuno diverso dall'altro. I ragazzi, con nostra sorpresa, provano molti di questi cibi sconosciuti, specialmente Livia. Io prendo un meraviglioso pesce San Pietro, ovviamente tipico della costa mediterranea, che è proprio di fronte al ristorante. Il ristorante è nell'antica Jaffa, forse il più antico porto del mondo. Facciamo bellissime foto mentre passeggiamo intorno a questo antico villaggio.

Giovedì, 25 Novembre

Vado a fare colazione intorno alle 8, dal momento che devo essere alla Conferenza Nazionale Israeliana di Ostetricia e Ginecologia alle 8:30. La quantità e qualità della scelta all'hotel Leonardo sono regali. Le colazioni in Israele sono una vera delizia. Sono servite al buffet e chiamate *arukhat boker*. Piccoli piatti, serviti freddi come antipasti, sono chiamati *salatim*. Le opzioni sono infinite e tutte invitanti. Cerco di essere bravo e prendo uno yogurt con dei deliziosi muesli e del succo di arancia. Ma mi concedo anche un cornetto al cioccolato. Ho del tempo per dare il buongiorno agli altri otto del gruppo quando si uniscono a me brevemente prima delle 8:30.

H-1 è il piano dove si tiene il meeting annuale della Società Israeliana degli Ostetrici-Ginecologi. Tutti si stanno affrettando a fare il check-in. Io mi mescolo alla folla e cerco l'ampia sala della convention. Salgo anche sul palco cercando di trasferire le mie diapositive dalla pennetta al computer. Un addetto mi vede, mi viene vicino, e mi invita al suo tavolo. Carica velocemente le mie diapositive sul computer del meeting. Mi colpisce come più tardi egli riesca a mettere in onda le mie diapositive sempre puntualmente, al momento giusto. Ho due interventi di quarantacinque minuti ognuno nel programma, oltre alle eventuali domande.

Mi presento alla segreteria del check-in e immediatamente chiamano il Prof. Jacob Bar. Jacob è il Presidente della Società Israeliana degli Ostetrici-Ginecologi, e la persona che mi ha invitato ufficialmente. È molto ben disposto, intelligente, bello, affascinante. È anche molto affabile e simpatico nei miei confronti. Mi presenta ad almeno 6-7 persone. Il pubblico è composto da più di trecento specialisti ostetrici-ginecologi provenienti da tutta Israele. Mi fanno sedere al tavolo principale con il resto del Comitato Organizzatore.

Tutto il programma nelle locandine è in ebraico, eccetto il mio nome, titolo e argomento dei miei interventi. Il programma va dalle 9:00 circa alle 14:00, con un breve intervallo.

Il primo discorso è sui dati statistici nazionali israeliani sui parti e le loro complicanze, ed è eccellente. Sfortunatamente le diapositive e il discorso sono in ebraico, ma il capo – una donna - del dipartimento degli ostetrici-ginecologi di Gerusalemme me li traduce. I dati sono ottimi. Il livello di qualità della medicina e delle scienze in generale sono ottimi qui in Israele.

I miei interventi vanno bene. La materia di cui parlo è di uso clinico immediato, ed è abbastanza controversa da generare molte domande. Gli israeliani non sono timidi nel fare domande difficili o nel commentare che non sono d'accordo con ciò che ascoltano da me. Io mi difendo diplomaticamente come posso. Una volta tornato al mio tavolo i membri della commissione e della leadership d'Israele mi coprono di elogi.

Il pranzo è ottimo e i dolci sono spettacolari. Kobi (come i suoi amici intimi chiamano Jacob Bar) mi spiega che il cibo qui deve essere *kosher* – cioè rispettare le norme religiose ebraiche – dato il pubblico della conferenza. Pertanto lo è sia il meraviglioso dessert, con ciò che penso sia un tipo di crema, che non deve contenere latte, che la carne sul tavolo del buffet. Una delle molte regole delle leggi alimentari ebraiche è che i prodotti caseari e la carne non siano mischiati nello stesso pasto. Mi chiedo perché si sia sviluppata questa regola, probabilmente creata migliaia di anni fa. La regola di evitare il maiale è dovuta probabilmente al fatto che spesso nella carne del maiale sono presenti dei vermi che sicuramente causarono malattie in passato. I crostacei fanno stare male se non sono lavati o cotti correttamente, perciò secoli fa era giusto starne lontano per evitare i loro pericolosi batteri.

Un'altra legge ebraica per la preparazione del cibo è controllare i polmoni degli animali per la presenza di aderenze, che è un segno di tubercolosi. Ci sono così tante regole che ci sono state tramandate dai nostri antenati. Alcune hanno superato la prova del tempo e le verifiche scientifiche. Ma molte altre potrebbero essere scartate grazie alle conoscenze moderne e alle attuali pratiche sanitarie.

Cerco di svignarmela presto per poter incontrare gli altri otto in gita e andare al Museo della Diaspora. È l'unico sito di Tel Aviv menzionato nel libro '1000 cose da fare prima di morire.' Ho programmato di vederlo e tutti i miei compagni di viaggio sono stati gentili ad aderire al mio programma.

I cinque della famiglia Masci e Paola, Andrea e Pietro hanno trascorso parte della mattinata sulla spiaggia di Tel Aviv. Poi i ragazzi hanno chiesto di divertirsi in piscina all'hotel Leonardo. Li ritrovo tutti pronti nelle loro stanze all'hotel. Prendiamo tre taxi, ma è sorprendente che questo museo sia quasi sconosciuto da tutti. Infatti il nostro autista deve chiedere informazioni diverse volte lungo la strada. I taxisti di Anna e dei ragazzi li lasciano all'università ebraica, lontano dal museo. Io non vedo l'ora di entrare, come al solito. Andrea e io entriamo senza aspettare troppo perché sono già le tre e il museo chiude alle quattro. Paola invece aspetta gli altri sei membri della nostra famiglia.

Il museo è un po' deludente, vecchio, non ben organizzato, niente di molto interessante. I video sono vecchi, in bianco e nero, spesso difficili da vedere.

Forse la parte migliore è la terrazza del bar. Eccetto me nessun altro aveva mangiato. Perciò divorano panini, bevande, caffè e quant'altro. È una serata bellissima, forse ci sono circa 20°C, il sole tramonta lentamente in Medio Oriente. Parliamo, ridiamo. Pietro, Margherita e Livia chiedono il permesso di andare a rotolarsi lungo le discese erbose. Troviamo facilmente tre taxi e torniamo all'hotel.

Prendiamo le nostre felpe velocemente e andiamo nella zona del porto di Tel Aviv, sulla spiaggia. Questo quartiere è bellissimo, ampio, pulito. Il tempo è di nuovo meravigliosamente caldo, adatto per indossare solo una polo o una maglietta. Ci rilassiamo guardando alcuni ragazzi che giocano a calcio sulla spiaggia. Toccano la palla solo con il piede nudo, il torace o la testa. Anche per gli standard italiani sono veramente molto bravi, i migliori che abbia mai visto giocare!

Margherita, Livia e io corriamo verso la riva e tocchiamo l'acqua: è calda! È buio fuori e sono completamente vestito, così il pensiero di tuffarmici, sorprendentemente, non mi attraversa la mente. Sto diventando vecchio, o, semplicemente, finalmente, saggio.

Paola e io prendiamo un taxi per tornare all'hotel, perché alle 7:40 di sera il Prof. Bar ci verrà a prendere per la cena. Ci porta in un bel ristorante a 10 minuti dall'hotel. Siamo circa 15 a tavola. I membri del Comitato Direttivo della Società Israeliana degli Ostetrici-Ginecologi e rispettivi partners, Paola ed io. Jacob mi aveva chiesto mesi prima in che tipo di ristorante mi sarebbe piaciuto cenare, e gli avevo suggerito di andare in un ristorante di cucina tipica israeliana, e vengo soddisfatto. Ci sono circa dieci antipasti, tutti deliziosi. Molto hummus, tahini, ed altre salse buonissime. Ci portano tanto kebab con carne di agnello, pollo, manzo. Poi un piatto speciale di fegato, che trovo gustoso, tenero, diverso.

Il piatto principale è un pesce ordinato espressamente per me, che amo il pesce. Vedo che molti altri lo scelgono, deve essere buono, ed infatti è delizioso.

I due specialisti in medicina materno-fetale di fronte a me sono simpatici, affabili, e socievoli. Parlo a lungo con loro, ma anche con la moglie di Kobi, che è seduta vicino a Paola, e con Kobi, seduto accanto a me. E' molto simpatico, e forse sono troppo alla mano con lui, dal momento che lo chiamo spesso 'president.' Spero l'abbia presa bene. Abbiamo passato una serata bellissima. I desserts sono di nuovo spettacolari.

Quando torniamo all'hotel sono circa le 10:45. Pietro ci corre incontro e ci abbraccia. Sta piangendo un po', si era spaventato perche' non eravamo tornati prima. Si calma presto, e andiamo velocemente tutti a letto. Andrea con me, Pietro con la mamma.

Venerdì, 26 Novembre

La colazione all'hotel Leonardo a Tel Aviv è di nuovo regale. Specialmente per i ragazzi che si tuffano nel buffet stile "all-you-can-eat." Ci devono essere una cinquantina di cibi diversi da cui scegliere e tutti sembrano buonissimi. I ragazzi prendono la cioccolata calda, i cornetti, frutta fresca, cereali, formaggio e prosciutto, omelettes, e varie altre delizie.

Alle otto di mattina incontriamo la nostra guida, Aviram Politi. Ci dice che gli piace essere chiamato "Politi." Il suo italiano è abbastanza buono. Ha studiato a Siena e ha degli antenati italo-ebrei. Sarà una bravissima guida, istruttiva, ben informata, cortese, flessibile. Guidati da Yuri, il russo israeliano al volante, siamo partiti per Gerusalemme nel nostro pulmino privato, solo per noi.

Improvvisamente mi appare Gerusalemme davanti agli occhi. Ero concentrato sulla storia di questo paese e sui molti aneddoti che Aviram ci stava raccontando con il microfono durante il viaggio in auto da Tel Aviv a Gerusalemme, fatto in meno di un'ora. Adesso l'Israele 'bianca' è dietro ai finestrini del nostro pulmino. Tutti gli edifici sono costruiti con la stessa bellissima pietra locale. Gerusalemme è anche chiamata 'la città dell'oro,' dal momento che è obbligatorio usare all'esterno di tutte le case questa pietra locale di colore bianco crema. Tutta la città e le sue mura di pietra brillano al tramonto.

Sono appassionato di etimologia, perché ci dice molto delle origini di un luogo, o di qualsiasi altra cosa. Gerusalemme. Il nome viene da *yireh* (un luogo permanentemente al servizio di Dio), e *shalom* (pace). Siamo nel luogo più importante del nostro viaggio. Siamo nel centro della fede per miliardi di persone e sicuramente per noi da quando siamo nati. Ho immaginato questo momento, questa opportunità, da una vita. Le strade appaiono pulite, le case ben tenute.

Alcune sono ville eleganti. La maggior parte degli ebrei abita qui, fuori dalla Città Antica, a Gerusalemme ovest. Qui niente è in stile arabo. Più tardi noto con i miei occhi che, invece, la maggior parte della Gerusalemme est, incluso la Città Antica, è araba nell'aspetto e per gli abitanti.

La città di Gerusalemme è stata costruita su una serie di colline, proprio come Roma. Attualmente è la capitale di Israele per Israele, ma non per gli altri Paesi del mondo. È divisa in quartieri ebrei e mussulmani. Sulla cartina del Medio Oriente è sul confine con la Cisgiordania, che è popolata per la maggioranza da mussulmani arabi. Ma la sua storia è talmente complicata che solo il grafico sotto può rendere l'idea un po' più chiara al forestiero interessato al territorio probabilmente più contestato della storia del mondo.

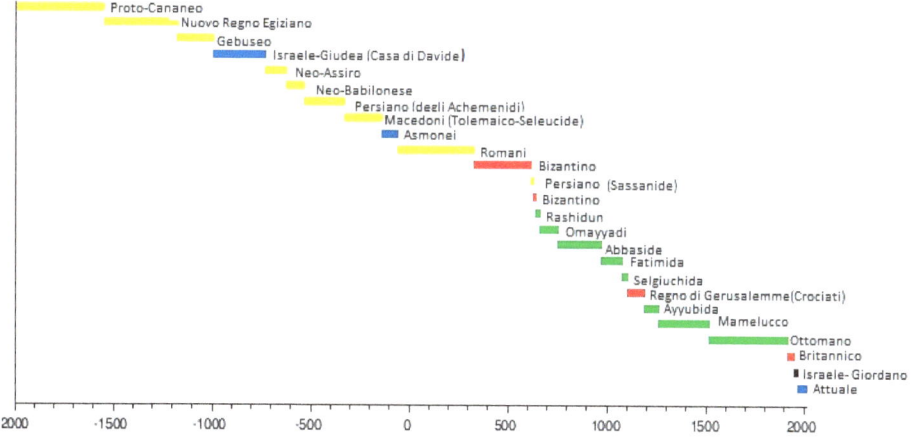

Giallo : Periodo pagano (politeismo)
Blu: Periodo ebraico
Rosso: Periodo cristiano
Verde: Periodo mussulmano

Come si può notare, la città cambiò dal politeismo all'Ebraismo al Cristianesimo all'Islam molte volte negli ultimi quattro millenni. Chiunque può reclamare un diritto su queste colline in base alla storia. Una di queste religioni ha il libro più venduto della storia del mondo a sostenere il suo diritto.

Il pulmino arriva al nostro hotel. L'Inbal Hotel, al n. 23 in via King David, è un bellissimo hotel moderno, a cinque stelle. Mi vergogno un po' per il fatto che possiamo permettercelo. Be', la verità è che sia il Leonardo che l'Inbal, per tutti e quattro i giorni, sono omaggio da parte della Società Israeliana degli Ostetrici-Ginecologi. Gliene sono loro grato e onorato, come pure un po' orgoglioso. Ci fermiamo solo circa dieci-quindici minuti. Il tempo necessario per scaricare e depositare i nostri bagagli all'hotel e usarne i bagni puliti ed eleganti.

La Città Antica è ciò che veramente importa a tutti a Gerusalemme. È ciò per cui per millenni sono morte milioni di persone. È ancora divisa, disordinatamente, in quattro quartieri: Mussulmani, Cristiani, Ebrei, Armeni. Ci sono circa 35.000 abitanti che abitano qui, e che condividono questa terra, la più santa delle terre sante, con milioni di turisti ogni anno.

Per risparmiare tempo Yuri ci porta in cinque minuti verso il monte Sion, lasciandoci alla porta Sion, una delle entrate verso la Città Antica. Proprio di fronte a questa porta, ci sono due luoghi sacri, uno sopra l'altro, tanto importanti per la storia del mondo che l'ho sottolineato sulle mie guide e nel mio cervello.

Uno dei primi luoghi sacri che visitiamo è la **stanza dell'ultima cena**, o Coenaculum, o Cenacolo. È una stanza grigia, priva di qualsiasi mobilio. Non c'è nemmeno un tavolo. È immersa tra varie strutture che le sono attaccate, tanto che non si capisce a quale edificio questa stanza appartenga. Il vangelo di Marco 14:15 fa riferimento ad una 'stanza superiore' per questo evento storico. "...Egli vi mostrerà al piano superiore una grande sala, arredata e già pronta." La stanza non è particolarmente ampia e non è ammobiliata.

Una cosa è chiara: quello che per i cristiani è l'Ultima Cena, per Gesù e i suoi dodici discepoli fu una cena di Pasqua ebraica. Marco al versetto 14 scrive che Gesù disse: "Mangierò la Pasqua ebraica con i miei discepoli." Quante somiglianze esistono tra l'Ebraismo e il Cristianesimo. Questa è anche la stanza dove i discepoli di Gesù si riunirono durante la Pentecoste, sette settimane dopo la sua morte, furono toccati dallo Spirito Santo e cominciarono a parlare delle lingue straniere.

Una volta arrivati in questa stanza così famosa, non c'è niente che ricordi questi eventi. Da notare ci sono solo un'iscrizione araba sulle finestre gotiche, e un'altra finestra coperta da un *mihrab*, un'alcova che indica la direzione della Mecca, come si fa in una moschea. È interessante che al piano inferiore c'è uno dei più importanti luoghi ebrei.

La **Tomba di Davide** non dovrebbe essere qui, perché questo non è il luogo dove era veramente Gerusalemme nel decimo secolo avanti Cristo, ma una 'nuova' tradizione ormai da oltre mille anni vuole che la tomba del primo re di Israele unita sia qui.

Aviram Politi, la nostra guida, ci istruisce che dobbiamo dividerci. Le donne vanno a sinistra. Gli uomini devono andare con lui a destra. Come al Muro Occidentale, come in qualsiasi altra sinagoga, come in qualsiasi luogo sacro ebreo, gli uomini e le donne non possono stare vicini gli uni agli altri. Paola, Anna, Margherita e Livia si sentono un po' perse, ma vanno a sinistra da sole, senza la nostra guida.

Perché questo? Chi ha inventato per primo queste regole? Penso al gineceo cristiano, la galleria superiore delle chiese antiche dove le donne pregavano, mentre solo ai maschi era permesso di entrare sul piano principale degli eletti della chiesa. Perché? Certo, la Bibbia, nei suoi dieci comandamenti, dice di non desiderare la donna di altri. E sono d'accordo che "non vedere è non pensarci." Ma spesso fantastichiamo su ciò che non vediamo, su ciò che manca.

A destra, sul corridoio riservato ai maschi andando verso la Tomba di Davide, vediamo subito dei copricapi ebrei, chiamati in ebraico *kippa*, fatti con il cartoncino. Dobbiamo indossarli per entrare in questo luogo sacro.

La tomba è ampia, coperta da una stoffa di velluto color porpora. Sulla stoffa ci sono delle iscrizioni dorate di simboli e testi ebraici. Mi ricorda la tomba di Napoleone, enorme rispetto al suo piccolo occupante. Anche il re Davide, che visse circa 3000 anni fa, non deve essere stato molto alto. Certamente la grandezza della sua tomba è più appropriata date le conseguenze della sua vita sull'umanità, che per la grandezza del suo corpo. Andrea, Pietro, Vincenzo, Vittorio ed io preghiamo con le kippa e la testa bassa, in questa piccola stanza, di fronte all'imponente urna coperta di color porpora.

La Città Antica di Gerusalemme è ancora circondata dalle cinquecentenarie mura costruite nel periodo dell'Impero Ottomano. Ci si può entrare solo tramite delle grandi porte nelle mura. Noi entriamo dalla Porta Dung, dopo aver camminato lungo il perimetro esterno per circa 200-300 metri. È un'entrata maestosa.

L'intera Gerusalemme è satura di preghiere e sogni, di religione e adulazione, di gente che prega ovunque. Le varie religioni sembrano volere superare l'un l'altra in termini di chi prega di più, di chi ha i luoghi di preghiera più belli.

Il **muro Occidentale** è il posto piu' sacro al mondo per gli ebrei. Rappresenta quello che San Pietro a Roma è per i Cristiani, o la Mecca per i mussulmani. Capire la storia dei due templi ebraici di Gerusalemme è capire l'ebraismo stesso.

Il primo tempio fu costruito da **Salomone, figlio del re Davide**, intorno al 950 a.C. Questo tempio diventa presto il centro religioso dell'Ebraismo.

Infatti i termini Israele e Giudea derivano da due regioni in cui il regno si divide alla morte di Salomone nel 928 a.C. Il **regno di Israele** era il regno settentrionale. Il **regno della Giudea** era il regno meridionale. Dopo un conflitto iniziale, questi due regni vissero l'uno accanto all'altro pacificamente. Nel 721 a.C. gli Assiri conquistarono il regno di Israele portando i suoi abitanti prigionieri in oriente. Qui inizia il mito delle "dieci tribù perdute."

Nel 586 a.C. i Babilonesi sconfissero gli Assiri. Anche il regno di Giuda fu conquistato dai Babilonesi. Il loro re Nabucodonosor distrusse Gerusalemme e il loro primo tempio. Gli Ebrei sopravvissuti furono esiliati sulle rive di Babilonia. Questa è la prima 'Diaspora,' la dispersione del popolo ebreo nel mondo. Questo evento storico, che potrebbe sembrare estraneo a molti lettori non ebrei, è in realtà famoso in molte culture. Per esempio, la famosa opera di Giuseppe Verdi chiamata Nabucco racconta di nuovo esattamente questa storia. Nel Nabucco, 'Va pensiero' significo' e continua a significare il desiderio di libertà per tutte le popolazioni oppresse. Quando Verdi la scrisse, gli italiani cantavano 'Va pensiero' desiderando la libertà e l'indipendenza dal controllo straniero del loro paese.

Nel 538 a.C., solo cinquant'anni più tardi, Ciro il Grande di Persia (attualmente approssimativamente l'Iran) conquistò Babilonia e permise agli esuli ebrei di ritornare in Giudea. Gerusalemme viene ricostruita e viene eretto il secondo tempio. Il dominio dell'Impero Persiano finì nel 333 a. C. quando Alessandro il Grande li sconfisse.

Nel **63 a.C. l'Impero Romano** conquistò la Giudea e queste regioni del Medio Oriente. Nell'anno 66 d.C. gli Ebrei si ribellarono. I Romani soppressero ferocemente la rivolta e <u>distrussero Gerusalemme e il secondo tempio</u>. Il Muro Occidentale è ciò che rimane della parte occidentale di questo tempio. Infatti, non è nemmeno una parte del tempio stesso, ma una parte del muro di difesa intorno al tempio. La localizzazione esatta di questo tempio, in prossimità dell'attuale Cupola della rocca che è un luogo molto sacro ai mussulmani, è ora perduta. Il Muro Occidentale è chiamato anche Muro del Pianto, per le migliaia di ebrei che pregano e piangono qui ogni giorno. Un'altra grande diaspora comincia. Il Muro (*Kotel* in ebraico) è lì a ricordare agli ebrei di tutto il mondo le difficoltà degli ultimi 2000 anni.

Essendo un luogo religioso ebreo, gli uomini pregano da una parte, a sinistra, mentre le donne sono dall'altra parte, a destra, senza nessuna possibilità di mescolarsi o neanche di vedersi l'un l'altra. Questo luogo è come una sinagoga per le autorità ortodosse rabbiniche. C'è anche un posto di blocco dove controllano cosa si ha nelle borse, ma è abbastanza superficiale, gentile, quasi amichevole.

Ci sono alcune dozzine di uomini ebrei che pregano dalla nostra parte. Indossano vestiti appropriati per le loro preghiere. Come pure Andrea, Pietro ed io, tutti indossiamo la *kippa*, il copricapo circolare. Perché la kippa? Il *Talmud* dice "Copriti la testa affinchè il timor del cielo sia su di te." Il Talmud è un testo centrale dell'ebraismo, dal momento che documenta discussioni rabbiniche originariamente tramandate oralmente riguardanti la legge, l'etica, la filosofia, le abitudini e la storia ebree. La *Mishneh Torah,* compilata tra il 1170 e il 1180 da Maimonide, un importante rabbino egiziano, sostiene che un uomo deve coprirsi il capo durante la preghiera.

Andrea, Pietro ed io indossiamo felicemente le kippa bianche obbligatorie. Prendiamo un posto libero al Muro del Pianto. È un muro maestoso, costruito con enormi rocce "Gerusalemme," pietre chiare che splendono al sole. Mettiamo i palmi delle mani aperte contro il Muro, all'altezza della spalla e ci appoggiamo verso di esso. Comincio una preghiera spontaneamente. In italiano. "Caro Dio, grazie per tutto quello che ci hai dato. Siamo così fortunati che ci è stato donato così tanto amore. Una così bella famiglia. Per favore porta la pace nel mondo."

È stato Daoud, il mio caro amico algerino mussulmano, ad avermi consigliato di pregare qui per la pace nel mondo. Mi sembra che il miglior luogo sulla terra per pregare per la pace nel mondo sia proprio qui a Gerusalemme. La mia impressione è che molte, se non la maggior parte delle guerre, siano iniziate per ragioni religiose. Mentre preghiamo sottovoce toccando questo muro sacro, si sentono le preghiere islamiche che vengono dall'alto, dal Tempio del Monte dove si trova la Cupola della Roccia mussulmana. E prima avevamo sentito anche delle campane suonare da una chiesa cristiana lì vicino.

Quando finisco la mia breve preghiera, dico a Dio che ora Andrea vuole dire delle parole. Con sorpresa, noto che la sua voce sta tremando un po'. Andrea sta piangendo. È veramente commosso. Deve aver capito, perfino a dodici anni, l'importanza di questo luogo sacro. Anch'egli ringrazia Dio per la sua grande famiglia e per la sua contentezza. Egli 'passa' la preghiera a Pietro, che dice anche lui delle belle parole di gratitudine, piene di serenità e gioia interiore.

Felici e commossi, ora mettiamo nel muro il nostro pezzo di carta precedentemente preparato. La preghiera che avevo scritto: Pace nel mondo, 'Peace in the world.' Andrea e Pietro studiano per tre-quattro minuti le crepe nel muro per selezionarne una buona. Le prime due o tre che provano sono inadeguate, dal momento che i pezzi di carta cadevano e non rimanevano 'dentro' il Muro. Finalmente, trovano un piccolo buco, dove il pezzo di carta con il nostro messaggio di pace entra e si fissa bene nel Muro.

È interessante il fatto che molte volte durante l'anno questi milioni di pezzi di carta, con le preghiere dentro, vengano raccolti da speciali squadre comunali, e mai semplicemente cestinate. Esse vengono col tempo seppellite in sacchi in un cimitero ebraico perché spesso contengono il nome di Dio.

La **storia delle religioni** mi ha sempre affascinato da quando ero bambino. L'**Ebraismo** è la più antica tra le attuali più popolari religioni monoteiste. Abramo, il primo Patriarca, originario della pagana politeista Babilonia, ideò un nuovo credo con un unico Dio. Egli visse intorno al 1800 a.C. Secondo il credo ebraico il mondo è iniziato nel 3760 a.C. Per gli Ebrei noi attualmente (2010) siamo nel 5770. L'Ebraismo ha almeno 4000 anni, forse di più. Il **Cristianesimo** fu fondato da un ebreo che visse in Palestina, ora Israele. Mentre Gesù è riconosciuto come un profeta dagli ebrei, egli è Dio incarnato per i cristiani. Mentre gli ebrei stanno ancora aspettando un messia, noi abbiamo avuto il nostro e stiamo aspettando che ritorni. Gesù nacque probabilmente nell'anno 4 a.C. a Betlemme, che ora è una città mussulmana. Morì a Gerusalemme, che ora è in Israele, intorno al 29 d.C. La maggior parte delle sue predicazioni avvenne tra il 26 e il 29 d.C., intorno al mare di Galilea.

Il cristianesimo ha quindi circa 2000 anni. Può essere visto come una 'costola' dell' ebraismo, e le due religioni sono certamente cugine strette. Effettivamente, come giustamente affermò Papa Giovanni Paolo II, l'ebraismo è padre del cristianesimo. Condividiamo la stessa Bibbia, gli stessi comandamenti. L'ultima cena di Gesù fu un pasto di Pasqua ebraica.

Le differenze, specialmente tra l'Ebraismo e il Cristianesimo, non sono enormi. Le somiglianze sono molto più profonde. La **Torah** è il libro ebraico dei primi cinque capitoli della Bibbia. È chiamata anche 'i 5 libri della legge' di Mosè. Nella Bibbia è chiamato Pentateuco e consiste nella Genesi, l'Esodo, il Levitico, Numeri e il Deuteronomio.

Il Cristianesimo è attualmente la religione con il maggior numero di seguaci, quasi 2 miliardi.

L'**Islam** è un parente di terzo grado, qualcosa di più distante. I mussulmani sono più di un miliardo e mezzo (circa 1,600,000,000), il 23% della popolazione mondiale, e il 63% si trova in Asia (secondo i dati del censimento Pew del 2009).

Gli Ebrei sono solo circa 15 milioni. Cinque o sei milioni ora vivono in Israele. Circa 6 milioni sono negli Stati Uniti d'America. Gli altri in tutto il resto del mondo. Perciò più della metà della popolazione mondiale, tra cristiani ebrei e mussulmani, ritiene Gerusalemme come la Terra Santa della sua religione. Non c'è da meravigliarsi se la lotta per la supremazia cittadina stia continuando qui da così tanti millenni. A noi umani piace enfatizzare le differenze in generale, in ogni relazione umana, dimenticandoci che il 99,9% del nostro DNA ci rende perfettamente uguali.

È interessante che in Israele non esiste il matrimonio civile, ma solo il matrimonio religioso. Entrambi i partners devono appartenere o convertirsi alla fede ebraica. Altrimenti devono sposarsi all'estero.

Il Muro del Pianto diventa ancora più venerato intorno alle **feste ebraiche**. Quali sono le più importanti?

Ogni settimana c'è lo *Shabat*, che va dal tramonto del venerdì al tramonto del sabato. Non si può guidare, cucinare, viaggiare, rispondere al telefono, spendere i soldi o fare affari, scrivere, ecc.

Il *Passover* (Pasqua ebraica) è la celebrazione dell'esodo dall'Egitto, guidato da Mosè. È una festa di sette giorni, ma il primo e l'ultimo giorno sono i più importanti. Le restrizioni alimentari includono il fatto che, invece del pane lievitato, venga usato il matzo (il pane azzimo). Gli eventi dell'esodo si ricordano la prima notte, in cui viene consumato insieme un pasto altamente simbolico chiamato *seder* (parola ebraica per 'ordine'). È stato festeggiato il 30 marzo nel 2010, e la sua data cambia ogni anno.

Rosh Hashanah è il capodanno ebraico. Segnala l'inizio di un periodo di introspezione e di pentimento. Gli ebrei frequentano lunghe cerimonie in sinagoga con mele e miele, nella speranza che questo porti dolcezza durante l'anno nuovo. È avvenuto il 19 settembre nel 2010, e la sua data cambia ogni anno.

Yom Kippur è la giornata più solenne dell'anno ebraico. È l'ultimo dei dieci giorni che seguono Rosh Hashanah. Questi dieci giorni sono i 'giorni maggiormente sacri.' La maggior parte di Israele si ferma; le strade sono completamente deserte. In una notte autunnale la festa termina, e la gente può rompere il digiuno. È stato festeggiato il 28 settembre nel 2010, e cambia ogni anno.

Hannuka è una festa non religiosa. Una ribellione ebraica nel II secolo a.C. fece riacquistare agli ebrei il controllo di Gerusalemme. Il Tempio fu ripreso e in esso fu trovato un vaso con abbastanza olio da bruciare per un giorno intero. Miracolosamente, bruciò per otto giorni. Da questo evento, durante questa festa, viene accesa una candela al giorno per otto giorni. Il candelabro è chiamato *hannukkiah* e di solito ha una nona candela centrale che è illuminata il primo giorno con una seconda (che sarebbe in realtà la prima candela).

Camminiamo intorno all'area del Muro. Sul lato sinistro del Muro del Pianto, perciò sul lato degli uomini, verso il nord, c'è un tunnel scavato di recente, che mostra un lungo strato di questo muro con alcune delle enormi pietre, che pesano dalle 400 alle 570 tonnellate l'una! Si può vedere quanti diversi resti di antiche costruzioni esistono in questa città, abitata da almeno 5000 anni. Gerusalemme è veramente simile a una torta a strati del tempo. Ogni periodo ha costruito sopra l'altro. Ogni nuova religione o ritorno al potere di una precedente ha deposto nuove costruzioni sopra quelle degli sconfitti.

Dal Muro del Pianto, Aviram Politi ci accompagna verso i luoghi cristiani. È interessante che in realtà percorriamo soprattutto quartieri mussulmani. L'atmosfera, dappertutto, è quella del *souk*, il bazar arabo. Infatti la maggior parte della Via Dolorosa (Stazioni della Croce) è popolata ora da centinaia di bancarelle e piccoli negozi mussulmani.

Come cattolico, sono cresciuto conoscendo queste stazioni come la Via Crucis, dal Latino. Qui molti la chiamano Via Dolorosa, che è chiaramente in lingua italiana. È chiamata anche 'The Way of Suffering,' o 'The Way of the Cross'," o semplicemente 'The Way' nell'attuale lingua universale, l'inglese. È la strada che Gesù ha percorso portando la croce. Va dal luogo del suo processo al luogo della sua crocifissione e sepoltura. Ci sono 14 stazioni, o fermate, della Croce. Alcune sono menzionate nella Bibbia, come la I, II, V, VIII, e dalla X fino alla XIV. Altre non lo sono, come la III, la IV, la VI, la VII e la IX.

La prima cosa che noto, mentre camminiamo in una *kasbah*, piena di mussulmani, guidati da Aviram, un segnale che dice Stazione III. Chiedo ad Aviram se possiamo seguire la Via Dolorosa, se possibile dall'inizio. Avevo immaginato un luogo pieno di croci cristiane e sculture e dipinti cattolici, ma le stradine sono per la maggior parte decisamente arabe. Non ci sono neanche tanti pellegrini cristiani. Saliamo una stradina, con un dislivello di un circa 10%, verso la Stazione I. Le strade somigliano a quelle di Erice o di una delle tante meravigliose piccole cittadine medievali in Italia. Sul lato della strada c'è un negozietto che vende caffè turco, succo di melograno e altre bevande e cibi arabi.

La **Stazione I** è dove Gesù fu processato e condannato da Ponzio Pilato. È rimasto molto poco di quello che avevo immaginato ci fosse nell'anno 29 d.C. Sul lato sinistro, Aviram indica la cima del muro, da dove forse Ponzio Pilato si era affacciato.

La **Stazione II** è dove Gesù fu flagellato e gli fu data la Croce. Notiamo lungo la strada, ora in discesa, che c'è un'entrata, con scritto 'Ecce Homo Covent of the Sisters of Zion' (Convento delle suore di Zion Ecce Homo). Ecce homo o "questo è l'Uomo" indica la sofferenza di Gesù, che lo rese un semplice, povero, misero uomo ferito, simile ai milioni di uomini che soffrono sulla terra. All'incrocio con via El-Wad, arriviamo in una delle strade più importanti della Città Antica. A destra la strada sale verso la Porta Damasco. Andando a sinistra torneremmo da dove siamo partiti, che era il cuore del quartiere mussulmano, verso il Muro Occidentale. Qui tutto sembra arabo.

La **Stazione III** è dove Gesù cade la prima volta. È vicino all'incrocio tra la Via Dolorosa e la via El-Wad. Di fronte sulla via El-Wad, un bazar arabo è l'attrazione principale. Quasi nascosto sulla nostra sinistra, c'è la cappella, costruita da Forze armate polacche libere dopo la seconda guerra mondiale, che commemora questa stazione. Niente di grandioso, come non lo sono le altre stazioni. Giriamo sulla via El-Wad per continuare verso la stazione successiva.

La **Stazione IV** è dove Maria abbraccia Gesù. Questa è a pochi passi oltre la Stazione III, all'angolo sud dove la via El-Wad incontra un nuovo tratto della Via Dolorosa. Penso a tutte le chiese, in tutto il mondo, dove queste 14 stazioni sono rappresentate e venerate. Penso agli artisti che, per oltre due millenni, commemorano e rivivono queste 14 stazioni con sculture, con dipinti, con numeri romani e voti cristiani. A quanto pare, la tradizione di replicare queste stazioni dentro le chiese venne da San Francesco. Quando i Francescani presero il controllo di Gerusalemme nel 1372, la Via Sacra fu 'ricostruita' a Gerusalemme. Nel 1731 Papa Clemente XII estese a tutte le chiese il diritto di avere le stazioni, purchè erette da un padre francescano con il consenso del vescovo locale. Nello stesso periodo, il numero delle stazioni, che in precedenza variava dalle 10 alle 30, o giù di lì, fu fissato a 14.

La **Stazione V** è dove Simone di Cirene raccoglie la Croce di Gesù. È allo stesso angolo, vicino alla Stazione IV. Da qui, la Via Dolorosa gira a destra e inizia la sua ascesa verso il Calvario.

La **Stazione VI** è dove una donna asciuga il volto di Gesù. Il suo nome è Veronica da *vera* (in Latino) e *icon* (immagine in Greco). Infatti l'immagine del volto di Gesù rimane sulla stoffa. Penso a tutte le molte chiese nel mondo che rivendicano di avere dei pezzi dei vari avvenimenti occorsi lungo la Via Crucis. La Sacra Sindone, a Torino, si suppone sia la stoffa dove Gesù fu deposto dopo essere stato tolto dalla Croce. Un piccolo pezzo di legno della Croce è in molte Chiese nel mondo, inclusa la mia regione natia, l'Abruzzo. La Stazione VI è a circa metà strada di questo tratto della Via Dolorosa, segnata da una porta di legno marrone. In cima a questa strada, all'angolo della Via Dolorosa e Suq Khan-ez-Zeit, si trova la Stazione VII.

La **Stazione VII** è dove Gesù cade per la seconda volta. La prima caduta fu alla Stazione III. È interessante come questi episodi non siano riportati nei Vangeli. Credo siano le mie stazioni preferite. Rievocano le difficoltà di Gesù nel trasportare un carico così pesante. Il peso dei nostri peccati. E inoltre mi fanno venire in mente le difficoltà incontrate da ciascuno di noi nella vita di ogni giorno. Queste stazioni mi fanno visualizzare nel pensiero noi umani che a volte cadiamo, sopraffatti dalle malattie, dalla povertà, dalla mancanza di cibo e bevande, dalla mancanza di amore e affetto. Queste sono le cose che avvicinano la religione alla gente. Dove ciascuno di noi può trovare un pezzo di se stesso, vedersi in Gesù, e abbracciarne il credo.

A Gerusalemme alla Stazione VII c'è una cappella, che contiene una delle colonne del Cardo Bizantino, la strada principale della Gerusalemme del VI sec. La Stazione è sulla via trafficata Suq Khan-e-Zeit: che nome per essere un luogo così importante per la cristianità.

La **Stazione VIII** è dove Gesù si rivolge alle donne nella folla. È segnato soltanto da una pietra incisa nel muro sulla sinistra.

La **Stazione IX** è dove Gesù cade per la terza volta. Qui c'è solo una colonna che lo segnala. In realtà ci sfugge. La Via Dolorosa non è diritta. A volte è a zig zag. La stazione IX così come la stazione VIII sono fuori da questo tragitto, e non le notiamo. Probabilmente Aviram crede non ci sia comunque molto da vedere. È l'ultima delle stazioni non menzionata nei Vangeli. La Via Dolorosa è anche abbastanza lunga, e ne abbiamo anche accorciato un po' del suo cammino. Sarebbe stato molto, molto più lungo con una croce sulle spalle. E non è mai pianeggiante, va giù e poi su, di nuovo su e giù, proprio come la vita.

Scendendo pochi gradini, arriviamo in una piccola piazza, irregolare. Aviram ci dice che di fronte a noi e a questo cortile, c'è la Chiesa del Sepolcro. Dalla Stazione X alla stazione XIV, quindi cinque delle quattordici stazioni, sono all'interno della Chiesa del Santo Sepolcro. Questo è il luogo della morte, della sepoltura e della resurrezione di Gesù. È un po' un peccato che si sia costruito così tanto su questi luoghi così sacri. Avevo immaginato soltanto una collina, una croce, e una grotta. Due millenni di costruzioni su questi luoghi sacri li rendono irriconoscibili.

La Chiesa ai tempi di Gesù era al di fuori delle mura della città, dal momento che nessuna esecuzione o sepoltura aveva luogo dentro le mura di Gerusalemme. La prima chiesa fu costruita qui nel 326 d.C. da Elena, la madre dell'imperatore Costantino il Grande, l'imperatore che rese il cristianesimo la religione ufficiale dell'Impero Romano. Quella che abbiamo di fronte agli occhi è la quarta chiesa costruita in questo sito. Fu costruita nel XII sec. dai Crociati. Ma l'interno è stato ristrutturato molte volte, incluso una ricostruzione quasi completa dopo un incendio nel 1808.

La **Stazione X** è dove a Gesù furono stracciate le vesti. Si presuppone sia avvenuto sul Golgota, il Calvario, che significa "il luogo del cranio." In verità dobbiamo salire degli scalini molto stretti sulla destra della Chiesa. Penso che non sarei mai riuscito a trovarli senza Aviram.

La **Stazione XI** è dove Gesù viene inchiodato sulla Croce. Un mosaico sul muro di fronte a questa cappella al piano superiore infatti dipinge Gesù inchiodato alla Croce. Purtroppo, non lo noto. Più tardi, mentre sto leggendo la descrizione e la storia di questa chiesa all'esterno, nel cortile, mi accorgo di non averlo visto. Pietro invece dice che era lì, l'aveva visto. Sono contento che lui l'ha notato, e orgoglioso delle sue abilità di osservatore attento.

La **Stazione XII** è dove Gesù muore sulla croce. Questo è il luogo più importante, almeno per me. Ed è completamente in stile greco-ortodosso. La cappella centrale è tutta piena di candelabri, lampade ad olio, ed icone greco-ortodosse. Fortunatamente, nonostante la maggior parte delle persone si riunisca qui, rendendolo chiaramente il luogo di maggiore attenzione, non è affollato.

Vedo una signora che si piega sotto il piccolo altare dorato, dentro le colonne frontali che lo sostengono. Si sta inginocchiando e protendendo verso il retro dell'altare, sul pavimento. Quando si alza, non riesco a trattenere la curiosità di controllare cosa stesse guardando e facendo. Lì, completamente al di fuori della vista del visitatore casuale, c'è un disco d'argento con dentro un buco. Nel punto dove ora c'è questo buco, si presuppone ci fosse la Croce dove Gesù fu crocifisso. Metto la mia mano in questo buco, e prego come ho visto fare dalla signora prima di me. Penso veramente che è un po' strano avere un luogo così sacro talmente nascosto e poco valorizzato. Sono l'unico del nostro gruppo a pregarci.

È davvero difficile immaginare come qui ci fosse il Golgota delle memorie bibliche. Non c'è una collina. C'è solo un pezzo di roccia di circa due metri quadrati sul lato di questa Stazione XII. È impossibile sapere se questa sia la roccia nativa reale, attaccata alla terra, o semplicemente un pezzo portato qui in qualche periodo per ricordarci del Golgota. Non c'è terra. E poi, mi domando, come hanno fatto ad issare la Croce, che non è qui ed è solo rappresentata da un buco quasi invisibile, dentro la roccia? Molti dubbi sovvengono al turista, anche ad uno come me che si era almeno un po' preparato.

Penso a tutti i venerdì santo e ai venerdì durante la Quaresima, durante i quali i fedeli Cristiani rivivono la Via Crucis, in migliaia di rappresentazioni ed eventi nel mondo ogni anno. Penso a tutte quelle sculture e dipinti di Gesù sulla Croce che ho visto durante la mia vita. Per esempio quello bellissimo nella Chiesa dove cantavo nel coro e facevo anche il chierichetto, la chiesa del Sacro Cuore a Pescara. Il terreno di quel quadro immenso è una collina rocciosa con un campo verde intorno. Qui, nel luogo della crocifissione di Gesù Cristo, non c'è niente che possa far pensare anche lontanamente ad alcuno dei dipinti che io abbia visto.

La **Stazione XIII** è dove Gesù viene deposto dalla Croce. C'è un busto di Maria in un armadietto a sinistra della Stazione XI che commemora questo luogo. Questa sembra una Madonna cattolica, forse l'unico posto della Chiesa del Santo Sepolcro che mi ricorda le centinaia e centinaia di dipinti e sculture che ho visto nelle chiese cattoliche in Italia, in Europa, e in altri continenti. La stazione XIII, geograficamente, è in realtà prima della stazione XII. Bisogna stare attenti a non confondersi.

La **Stazione XIV**, l'ultima, è dove Gesù è stato sepolto. Per raggiungerla si deve tornare al piano principale, al piano inferiore da dove siamo. Aviram dice che siamo fortunati, perché la fila è lunga solo una quindicina di minuti circa, invece delle solite due ore. A questo luogo è data una posizione privilegiata. È in una cappella al centro della parte principale della Chiesa del Santo Sepolcro. La fila si muove più velocemente del previsto. La guardia che la controlla è austera e rimprovera spesso i turisti indisciplinati.

Si entra attraverso una porta piccolina, alta soltanto circa un metro. Io devo piegarmi in due per intrufolarmici sotto. La stanzetta dentro la cappella dove il corpo di Gesù sarebbe stato deposto è deludente. È davvero piccolissima. Non riuscirei ad entrarci orizzontalmente, ed è alta giusto quanto me, un po' meno di due metri. C'è un altare, e un ripiano di marmo dove il corpo, presumibilmente, fu deposto. Entro con Margherita, Pietro e Livia, se mi ricordo bene. Non ci riesce ad entrare nessun altro in questo posto minuscolo. È claustrofobico. Prego ad alta voce con i ragazzi un 'Padre nostro,' ma già prima di arrivare a 'dacci oggi il nostro pane quotidiano' la guardia sta già gridando che dobbiamo uscire per far entrare i prossimi turisti. Non è stata esattamente un'esperienza mistica. Il maestoso Muro del Pianto ispira lacrime; questa piccolissima stanza no.

Come già detto, i fatti delle Stazioni III, IV, VI, VII, e la IX non sono specificamente riportati nei Vangeli. In particolare non esiste una prova della Stazione VI prima del periodo medievale. La Stazione XIII, che rappresenta il corpo di Gesù che viene portato giù dalla croce e posto tra le braccia di sua madre Maria, sembra voler abbellire il racconto del Vangelo che afferma che Giuseppe di Arimatea portò Gesù giù dalla croce e lo seppellì. Alcuni cristiani vorrebbero aggiungere altre stazioni, specie quella che ritrae la resurrezione di Gesù.

Per dare una versione di questa devozione allineata più strettamente ai racconti biblici, il Papa Giovanni Paolo II presentò una nuova forma di devozione del Venerdì Santo nel 1991. Essa è chiamata la Via della Croce delle Scritture, ha anche 14 stazioni, ma rappresentano tutti episodi ricordati nei Vangeli. Non so se, in qualche chiesa nel mondo, secoli di tradizione e migliaia di Via Crucis in migliaia di luoghi sacri, siano state sostituiti da queste nuove 14 stazioni approvate da Papa Benedetto XVI nel 2007.

All'interno della Chiesa del Santo Sepolcro, abbiamo ancora pochi minuti per esplorare qualche altro sito. Tante leggende vivono dentro questo posto così famoso. L'impressione, come in così tanti luoghi di Gerusalemme, è che ci sia stata costruzione su costruzione su costruzione, e molto di ciò che era originale non c'è più, o si è mescolato ad altro, con adiacente qualcosa di completamente diverso.

Aviram ci conduce in un' ampia sala dove c'è un piccolo posto chiamato 'il centro del mondo.' Paola ricorda a tutti che, secondo la gente del luogo, Foligno (una piccola cittadina in Umbria) è il centro del mondo, dal momento che è vicino al centro geografico dell'Italia. Pietro ricorda, dal nostro viaggio a Macchu Picchu in Perù, che Cuzco era il centro del mondo per gli Incas, e in effetti il suo nome significa 'ombelico,' a testimoniarne la centralità. Io intanto penso che tutti gli esseri umani vogliono essere al centro del mondo, che questo non sia cambiato nel tempo, e che è uguale in tutto il mondo.

Malgrado il mio studio prima di arrivare in questa chiesa, ciò a cui non ero preparato era il fatto che fosse condivisa da così tante denominazioni cristiane. Chiaramente, quella dominante è la greco-ortodossa dovuta all'Impero Ottomano che dominò questi territori per secoli. Fu la Russia, che mise sotto pressione l'Impero Ottomano, a dare così tanto predominio ai riti, alle icone, ai dipinti, ai candelabri di stile russo greco-ortodosso all'interno della Chiesa del Santo Sepolcro.

Ci sono comunque almeno sei denominazioni cristiane che dividono il controllo della Chiesa del Santo Sepolcro (in inglese, the Church of the Holy Sepulcher). Queste sono: i greci-ortodossi, i latini (come sono conosciuti i cattolici romani qui in Terra Santa), gli armeni, i copti egiziani, i siriani ortodossi, e gli etiopi. Spesso lottano per il controllo delle diverse parti di questa Chiesa, a volte in modo violento. Le attuali divisioni sono il risultato dello Status Quo Agreement del 1852.

A ripensarci non sono sorpreso, ora, che il cristianesimo, in particolare il cattolicesimo, non abbia qui il suo principale luogo sacro. San Pietro a Roma, dove niente di così 'sacro' rispetto a Gerusalemme è mai avvenuto, è il centro della cristianità. Invece qui a Gerusalemme, in questi luoghi così meravigliosamente dipinti nei Vangeli e così vivi nell'immaginazione di circa due miliardi di cristiani, non si riesce bene a sentirsi come in dei veri luoghi santi.

Innanzitutto, l'ambiente esterno sulla strada è mussulmano. Secondo, all'interno della chiesa, niente dei Vangeli è riconoscibile. Le diverse fazioni della fede cristiana dividono ciascun piccolo spazio e non riescono a dare una sensazione di calore, di sacralità. Non c'è anima. Il Muro Occidentale, spoglio ma maestoso, non è mai cambiato da quasi 2000 anni, simboleggiando la sofferenza nella sua fedeltà, ed è magico nella sua sacralità per tutti gli ebrei. Il Monte del Tempio è possente, dominante, svetta nel cielo, sontuoso ed elegante nella sua ampia piazza, e sicuramente fa sentire felici e forti tutti i mussulmani. Niente di simile si può dire della Chiesa del Santo Sepolcro, che è buia, disomogenea, a volte fredda e banale, troppo russa ortodossa in generale (almeno per la mia formazione europea occidentale), con poche, troppo poche vere reminiscenze del luogo che vuole celebrare, che ha cancellato dalla nostra vista.

Continuiamo a camminare lungo i bazar arabi. Una galleria porta al Monte del Tempio. Ci arriviamo vicino mentre centinaia di mussulmani stanno uscendo dopo le loro preghiere. Sfortunatamente, non possiamo salire le scale e visitare il Monte del Tempio con la sua famosa Cupola della Roccia. Quest'area è limitata e solo i mussulmani hanno accesso a quest'ora della giornata.

Sorina Grisalu è a capo del dipartimento di ostetricia e ginecologia di Gerusalemme, e siamo diventati amici il giorno prima a Tel Aviv. Sedendo vicino l'un l'altro al tavolo dei membri del comitato direttivo durante la conferenza, mi ha gentilmente tradotto gli interventi in ebraico. Con sorpresa, si è proposta volontariamente di aiutarci mentre eravamo a Gerusalemme. Quando le ho detto che avevamo una guida per tutto il giorno, ci ha invitati ad andare a cena insieme. Ho cercato di dire "No, grazie, non ti preoccupare," dal momento che ci eravamo appena incontrati e non volevo approfittare di questa nuova conoscenza. Ma lei ha insistito e mi ha detto che mi avrebbe chiamato alle 18:00 la sera seguente, cioè stasera, per controllare se potessimo/volessimo.

Gentilissima, puntualmente, ci ha chiamati e veramente non mi ha dato scelta: "Verro a prendervi all'hotel intorno alle 18:30 e poi andiamo a cena al ristorante YMCA vicino all'hotel." Sono sorpreso che voglia uscire il venerdì sera, dal momento che è l'inizio dello *shabat*, quando si presuppone che il popolo ebreo osservi il riposo religioso, secondo la Bibbia. Ma Sorina Grisalu mi ha detto che non era 'così religiosa,' e certamente non ortodossa. Perciò si presenta all'Inbal con Riccardo e Ben.

Riccardo è suo marito, un ebreo argentino simpatico, educato, bello, ed alto. Ben è suo figlio minore, chiamato perciò appropriatamente (Ben significa 'ultimo figlio'). Camminiamo tutti come una grande famiglia su per la strada verso il YMCA. E' un ristorante elegante, e ci sediamo di fuori all'aperto. Prima degli antipasti, Sorina ci indica il soffitto, dove ci sono ancora nel cemento i fori delle pallottole della guerra del 1967. È un momento anticlimattico per il fatto che la serata è calda, piacevole e molto calma, a causa dello *shabat*. Non si riesce ad immaginare la furia della guerra in un ambiente così classico, elegante, distinto.

Sorina è un vulcano di informazioni. È seduta vicino ad Anna e Vittorio, e chiaccherano d'amore e d'accordo alla grande come vecchi amici. Lei ci istruisce con informazioni personali e dettagliate relativamente ad Israele e la sua città natia, Gerusalemme, durante tutta la serata. Le origini dei suoi genitori sono rumene. Lei parla molte lingue, compreso anche un po' d'italiano. È la quintessenza delle donne ebree. Determinata, intelligente, gran lavoratrice, brillante. Racconta di sé che suo marito la chiama 'pazza' perché, a dispetto del fatto che ha tre figli, lavora 10-12 ore al giorno, torna a casa regolarmente dopo le 21:00, con il marito-neurologo lasciato a preparare la cena e a occuparsi dei fabbisogni casalinghi. Chiaramente è un fiume di attività e non riesce a contenersi. Ama essere occupata, soprattutto nell'aiutare le donne a far nascere bambini sani.

Attraverso Sorina, mi si rinforza la constatazione che più si è simili, più alte sono le possibilità di litigare. Infatti, forse le persone che le sono più antipatiche sono gli ebrei ortodossi. Vengono chiamati *Haredim* (in ebraico). Gli ebrei laici come Sorina non ci vanno tanto d'accordo. Gli *Haredim* indossano cappelli neri, vestiti neri e le kippa tutto il giorno. Accettano parola per parola tutti i 613 comandamenti della Torah. Seguono severamente le regole dell'alimentazione *kosher*. Hanno un loro partito, e molto peso politico in Israele, almeno secondo Sorina.

Trascorriamo una meravigliosa serata con Sorina e suo marito Riccardo. Sono schietti e penetranti nelle loro opinioni, e sono estremamente bene informati su Israele e il suo popolo. È strano come persone completamente estranee possano scambiarsi e rivelarsi tante informazioni così personali. Per me è una finestra su un mondo affascinante che non conoscevo tanto quanto avrei voluto.

L'hotel Inbal aveva lasciato nella nostra stanza dei pass per la Executive Suite, omaggi da parte della conferenza a cui ero stato invitato. Paola è occupata, perciò invito mia sorella Anna, che so ama queste cose. Brindiamo a questo bel viaggio e in verità alla vita con del vino bianco che lei trova nel salotto della Suite. Che vita meravigliosa.

Sabato, 27 Novembre

Partiamo alle 08:00 per il Mar Morto. Come prima sosta, Yuri il nostro autista e Aviram la nostra guida ci portano sul Monte degli Ulivi (Garden of Olives), la collina dalla parte est di Gerusalemme. Da qui, si può godere al mattino presto la più bella vista di Gerusalemme. Non si riescono ad immaginare le tante battaglie di cui questa città è stata testimone, guardando da qui il panorama pacifico e meraviglioso di questa città. Da quassù si riesce anche a vedere il nostro hotel Inbal, che ha la forma di una gonna a pieghe, imponente, fatto anch' esso di rocce 'Gerusalemme,' ma decisamente moderno e maestoso.

Per andare verso est e il mar Morto passiamo un posto di blocco. Dato che siamo in un territorio per la maggiorparte deserto e tutto intorno sembra molto tranquillo, i posti di blocco ci sembrano una esagerazione inutile. Ma la nostra guida ci ricorda che nel 2001 e 2002 migliaia di civili furono uccisi da un kamikaze arabo, e da allora sembra che questi nuovi posti di blocco abbiano portato ad una diminuzione di eventi simili.

La prossima fermata è a Masada, il famosissimo – tutte le guide ne parlano - palazzo-fortezza in cima ad un altopiano che si affaccia sul Mar Morto. Il re Erode fu un costruttore geniale e un leader paranoico. Regnò su Israele come re degli ebrei per grazia dell'Impero Romano nel I sec a.C. Erode aveva ristrutturato questo sito di 18 acri sulla cima di un precipizio alto circa 500m dal deserto. Questo fu uno dei suoi tanti palazzi, un possibile rifugio dai suoi tanti nemici esterni ed interni. Erode morì nell'anno 4 a.C. con il palazzo rimasto ancora in buone condizioni.

I Romani distrussero il secondo tempio nell'anno 66 d.C., e entro il 70 d.C. sedarono in gran parte la rivolta ebrea, e distrussero Gerusalemme. I pochi ebrei che riuscirono a resistergli si ritirarono nel 72 d.C. a Masada, in questo palazzo del re Erode, sul colle nel lato occidentale della parte centro-sud del mar Morto. Il generale e governatore Romano, Flavio Silva, era determinato a sedare la ribellione, e perciò costruì otto campi zeppi di legionari intorno alla fortezza sull'altopiano. Per almeno un anno, 960 tra uomini, donne e bambini israeliani resistettero. I Romani catapultarono piccole rocce delle dimensioni piu' o meno di un pallone da calcio verso la cima della montagna, alcune infuocate. I coraggiosi difensori di Masada si rifiutarono per mesi di cedere alla sconfitta e alla prigionia.

Perciò i Romani costruirono una rampa di attacco sul lato occidentale della montagna. E' ancora visibile. La storia mostra che Masada alla fine fu conquistata dai Romani.

Lo storico Flavius Josephus scrisse le ultime ore della resistenza di Masada come gli fu raccontata dai sopravvissuti. Non esistono molte prove oggettive di questo suo racconto, che è uno degli episodi più narrati e famosi della storia ebraica.

La notte prima dell'attacco finale dei Romani, il capo dei ribelli ebrei *Elazar Ben-Yair* fece un discorso d'incitamento ai suoi. Convinse quelle centinaia di persone ancora vive a "non servire né i Romani, né alcun altro, eccetto Dio." Dal momento che non avevano alcuna speranza di resistere ai Romani e il loro destino era di finire prigionieri, commisero un suicidio di massa. La guida ci mostra dieci pezzi di roccia con su inciso dei nomi ebrei. Su ciascuno di essi c'è il nome di uno dei dieci ribelli designato dal destino a uccidere gli altri residenti di Masada. Flavius Josephus racconta che poi uno fu designato ad uccidere gli altri nove, e poi a commettere suicidio.

Quando i Romani entrarono trovarono circa 92 corpi. Una donna nascosta con un bambino sopravvisse e raccontò questa macabra storia, secondo la nostra guida. Quindi Masada è il luogo dove gli ebrei resistettero ai Romani, fino intorno al 73 d.C. La maggior parte degli ebrei sono estremamente orgogliosi di questa storia. Questi eroi di Masada scelsero la morte alla prigionia.

Questa è una delle storie eroiche più famose dell'ebraismo. Sorina, la notte prima, ci disse che questa storia non le piaceva per niente. Israele celebra il valore del suicidio come un'opzione migliore della schiavitù sotto i Romani. Lei sostiene che invece avrebbero dovuto arrendersi. Rimanere vivi dà più speranza che rinunciare a tutto con il suicidio. È così interessante discutere della storia locale dal punto di vista di una nativa del luogo come Sorina. Nonostante ciò, Masada è impressionante, affascinante, e si riesce ad immaginarne la tragica resistenza.

Durante il governo dei Romani, nel 132 d.C., scoppiò un'altra rivolta ebrea, guidata da *Bar Kochba*. Nel reprimerla, l'imperatore Adriano rase al suolo Gerusalemme nel 135 d.C. E cambiò il nome a questa regione, diventata completamente romana, in Siria Palestina. La maggior parte degli ebrei abbandonarono questa parte del mondo, e non vi ci ritornarono per quasi due millenni.

Nell'anno 325 d.C. l'**Imperatore Costantino rese il Cristianesimo la religione ufficiale dell'Impero Romano.** Pochi anni dopo, sfortunatamente, la fece diventare l'unica religione permessa.

Sulla via verso il Mar Morto, vedo un segnale per *Ein Gedi*, un famoso *kibbutzim*, e chiedo di fermarci lì un attimo. L'avevo visto nell'elenco di una delle mie guide preferite, "1,000 places to see before you die"(1,000 posti da vedere prima di morire). Si presuppone sia uno dei posti più belli da visitare in tutta Israele. Aviram e Yuri sono stati molto simpatici, e così all'ultimo momento, quando stavamo passando in auto lì vicino, a mia richiesta abbiamo svoltato e siamo saliti verso quella direzione. Abbiamo attraversato in macchina per circa cinque chilometri un panorama uniforme di deserto roccioso di un colore tra il marrone bruciato e il beige. All'entrata, mi chiedo come mai questo posto si trovi tra i mille posti del libro. L'Israeliano bene educato di mezza età, che accetta da me i 90 *shekels* per il costo dell'entrata, ci dice che lì oramai vivono grazie al turismo, e non più come un'autonoma comunità *kibbutzim*.

Mentre ci inoltriamo lungo il viale principale di questo luogo per un certo verso misterioso, siamo tutti sorpresi per la rigogliosità di quest'oasi. È molto interessante, da qui puoi immaginare la storia di come Israele abbia fatto a ricavare delle bellissime oasi dal deserto. Questo *kibbutzim* è un magnifico giardino verde. I baobab sono impressionanti.

Ci fermiamo in un negozio *Ahava*, dove Paola, ma ancor di più mia sorella Anna, comprano molte creme del tipo terme, shampoo, prodotti del Mar Morto per la prevenzione delle rughe e per mantenere la loro bellezza. Sono così eccitate. Io passo il tempo scrutando i piccoli negozietti dall'altro lato, dove compro due meravigliosi libri intitolati 'Understanding the Old Testament' (Comprendere l'Antico Testamento) e 'Understanding the New Testament' (Comprendere il Nuovo Testamento). Sono molto felice della mia scelta, adoro libri di storia e questi sono semplici e chiari.

Poi ci dirigiamo verso un complesso alberghiero sul Mar Morto.

Il Mar Morto dovrebbe essere, per me senza alcun dubbio, una delle sette meraviglie naturali del mondo. Come il Gran Canyon negli Stati Uniti, è indescrivibile a coloro che non ci sono mai stati. Il Mar Morto è nel punto più basso delle regioni asciutte della terra, a 410 metri sotto il livello del mare.

È un grande lago. Ho visto le sue foto in molti libri. Mentre viaggiamo in pulmino lungo la sua costa occidentale, in alcuni momenti non si riesce a vedere la riva dall'altra parte. Ma subito dopo ci si riesce, e ci si rende conto che la Giordania è visibile, ed è anzi, in alcuni punti, molto vicina, tanto quanto una nuotata.

Questo 'mare' è costituito da acqua che contiene un sorprendente 32% di sale. Quest'acqua è nove volte più salata dell'oceano! Questo succede perché l'acqua scorre qui dal fiume Giordano e altre sorgenti, ma non ha modo di defluire. L'evaporazione, in questa terra desertica dove spesso c'è il sole ed è molto caldo, lascia una massiccia quantità di sale alle spalle.

Il pranzo a buffet è sontuoso. Il pesce è umido, tenero, delizioso. Poi andiamo in spiaggia. Ci cambiamo alle terme, prendiamo gli asciugamani. Ci siamo portati appresso i nostri costumi da bagno da oltre 9000 km solo per questo. Il tempo è bellissimo, circa 27 gradi, perfetto per andare in spiaggia. Il lussurreggiante comprensorio del complesso alberghiero ha anche una piscina e un Jacuzzi, senz'altro comodi e lussuosi, ma incoraggio tutti ad andare verso la spiaggia. Quella che ci aspetta è una delle esperienze più indimenticabili di tutto il viaggio.

L'acqua del 'mare' è super pulita. Non c'è alcun segno d'inquinamento. L'acqua è completamente piatta, senza nessuna onda. C'è appena appena un po' di brezza, ma non fa troppo caldo. Il Mar Morto appare pulito, calmo, 'morto' di fronte a noi. Non ci sono onde a colpire la riva, di una sabbia color crema chiaro.

Vincenzo, Livia, Andrea sono già dentro. Sono allegramente in delirio. Sembrano galleggiare sull'acqua. La chiave per godersi un bagno nel Mar Morto è muoversi lentamente. Bisogna appoggiarsi piano piano sulla schiena e galleggiare. Nuotare, se necessario, deve essere fatto lentamente, ruotando indietro le braccia, uno strano dorso molto lento, col solo sedere nell'acqua, in pratica. È fondamentale non schizzare e mantenere la testa ben sopra l'acqua. Margherita si schizza un po' il viso con l'acqua del Mar Morto, accidentalmente, e per un po' ci spaventiamo per la sua vista, dal momento che grida agonizzante perché le brucia.

Andrea che ha una minuscola ferita sulla pelle, dice che gli brucia. Vincenzo, e più tardi ognuno di noi, si lamenta per l'ano che brucia a causa dell'acqua super salata.

Ci sono molte cose davvero sorprendenti. Galleggiando in verticale, il corpo viene spinto tanto in alto che i capezzoli restano fuori dall'acqua. Ciò che inizialmente sembrava come sabbia, in realtà è sale. Dove non si può toccare il fondale con i piedi , ci sono cristalli di sale grandi quanto palle da tennis. Con un po' di sforzo, riusciamo a 'pescare' con i piedi un po' di queste 'palle.' Sono fragili e la maggior parte si rompono al nostro tocco. Le poche che recuperiamo quasi intatte sono fatte da cristalli di sale bianco scintillante. Strabiliante. Se ci si lecca il dito bagnato con l'acqua del Mar Morto, ha un forte sapore acerbo, aspro.

Il Mar Morto è in gran pericolo. La guida ci ha raccontato che solo alcuni anni fa il livello dell'acqua era 25 metri più alto. Infatti, ho letto che il livello dell'acqua si sta ritirando di un metro all'anno a causa della mancanza di pioggia nel nord d'Israele (acqua che alimenta il fiume Giordano) e, naturalmente, a causa di attività umane. Israele, la Giordania e la Siria tutte deviano l'acqua fuori dal letto del fiume Giordano per l'irrigazione e per bere. Meno del 7% del flusso originale dell'acqua del fiume, raggiunge il Mar Morto.

Mentre guardo Yuri guidare e ascolto di nuovo il suo forte accento, ricordo che ho letto che ci sono oltre un milione di ebrei russi che sono ora cittadini d'Israele. Sono il più grande gruppo etnico di questa giovane nazione. Hanno il loro partito, conservatore. Si capisce dalle conversazioni tra i vari 'Vladimir' e 'Boris' che incontriamo durante il viaggio, che sono un gruppo potente, che intimorisce gli altri, come per esempio la nostra guida ebrea Aviram Politi, di natali italiani.

Domenica, 28 Novembre

In precedenza non eravamo riusciti ad arrivare sulla cima di Gerusalemme, che per me e penso per gli osservatori più obiettivi è uno splendido terreno rettangolare pianeggiante sul lato orientale dell'antica città di Gerusalemme. Ora qui c'è il Tempio del Monte. È pieno di moschee. L'enorme piazza contiene anche la moschea di *Al-Aqua*, che rappresenta il terzo luogo sacro più importante dell'Islam, dopo la Mecca e Medina.

L'Islam è la più recente delle tre religioni monoteistiche che hanno combattuto per Gerusalemme. È anche l'ultima a rivendicarla come proprio 'Territorio Santo.' Anche se la Mecca e Medina sono ancora più sacre per l'Islam, anche Gerusalemme è importante per loro, per quanto non sia stata mai menzionata nel Corano.

La *hejira* (volo) di Maometto dalla Mecca a Medina avvenne nel 622 d.C., rendendo questa data l'inizio dell'Islam. Questa religione quindi ha quasi 1,400 anni. Circa 600 anni di meno del cristianesimo, più di 2,000 meno dell'ebraismo. Per i mussulmani, il 622 d.C. è il primo anno del loro calendario. Maometto morì nel 623 d.C. I suoi seguaci si espansero poi fuori dall'Arabia, un po' come gli apostoli cristiani da Israele diffusero la loro Parola in tutto il mondo. L'impero dei mussulmani, basato sul nuovo credo, ad un certo momento si estese dalla Spagna all'India.

Il Monte del Tempio è sulla cima del *Moriah*, uno dei territori più alti a Gerusalemme. Perciò più vicino a Dio e tanto valorizzato da tutte le religioni.

La tradizione ebraica identifica questo come il sito dove Abramo eresse un altare e si preparò per sacrificare il suo unico figlio, Isacco. Questo luogo è per l'ebraismo la pietra 'fondamenta' del mondo. La tradizione ebraica vuole anche che qui il re Davide elevò al Signore dei canti di riconoscenza (II Samuele 22). Questo è anche il posto dove suo figlio Salomone costruì 'la Dimora del Signore,' cioe' il Primo Tempio. Qui era il luogo dove si ergevano sia il Primo che il Secondo Tempio ebreo, per un totale di circa 1000 anni. Infatti, fu il re Erode che per estendere il Secondo Tempio su grande scala, livellò la cima del Monte Moriah con migliaia di tonnellate di macerie.

Le poche mura massicce di questi templi che si conservano, includono alcune delle più grandi pietre da costruzione conosciute, ciascuna di molte centinaia di tonnellate. Erode creò questo ampio spazio piano a forma di scatola da scarpe rettangolare in cima a Gerusalemme. Ma il Secondo Tempio è stato ridotto a delle rovine fumanti dai Romani nel 70 d.C.

Anche i cristiani rivendicano delle tradizioni su questi siti religiosi tanto contestati. Nel Nuovo Testamento, Gesù discusse qui alcuni dei punti della legge con altri maestri ebrei, e rovesciò le tavole dei cambiavalute. Predisse anche la distruzione del Tempio, mentre lo osservava dal monte degli Ulivi. E' interessante che i Templari abbiano preso il nome proprio da questo luogo, dove sistemarono i loro quartieri generali. Alcuni credono che i Bizantini abbiano in qualche modo ignorato questo posto, credendo fosse maledetto.

Come detto, però, in questo stesso luogo, i mussulmani rivendicano ci sia l'impronta di un piede, quello dello stesso Maometto. La tradizione vuole che sia qui il luogo da dove Maometto si ascese (volo, *hejira*) in cielo per incontrare il Signore. Questo è chiamato il 'giro notturno' di Maometto. Risvegliato dall'arcangelo Gabriele (che, a proposito, è importante sia per gli ebrei, che per i cristiani e anche per i mussulmani), egli fu preso dal cavallo alato *el-Burak* e portato verso *masijd al-aqsa*. Questo è 'il luogo più lontano' menzionato nel Corano. Maometto incontrò il Signore faccia a faccia e ricevette l'insegnamento dell'Islam. Dal cielo ritornò alla Mecca la stessa notte.

I mussulmani chiamano quest'area di Gerusalemme dove ora c'è il loro Monte del Tempio *Haram esh-Sharif*, il 'Nobile Santuario.' È interessante che Gerusalemme non sia mai menzionata nel Corano, e infatti l'ascesa di Maometto dal monte *Moriah* è attribuita a una tradizione mussulmana successiva. La nostra guida ebrea ci dice che fu guidata dai politici per il desiderio che questa nuova religione avesse di sopraffare e distruggere la vecchia religione e il suo sito santo.

Nel 638 d.C., il califfo arabo *Omar Ibn-Kahtib* conquistò Gerusalemme dai Bizantini. Per celebrare l'ascesa di Maometto verso Dio, fu fatta costruire nel 691 d.C. la Cupola della Roccia sul Monte del Tempio dal califfo *Abd el-Malik*. Questo è sicuramente il palazzo più prominente a Gerusalemme, il più facilmente riconoscibile da lontano, quello presente su tutte le copertine delle guide turistiche di Gerusalemme. È un santuario, non una vera e propria moschea. *Al-Aqsa* è una vera moschea. È interessante che nel XII sec. divenne il quartier generale dei Templari.

Possiamo solo provare a paragonare la bella tranquillità di questa splendente serena domenica mattina alla furia del passato. Immagino alcuni dei conflitti che sono avvenuti nei secoli, nei millenni, su questa collina. L'ultimo avvenimento di rilievo, nel 1951, fu quando il re Abdullah I di Giordania fu assassinato qui all'interno della moschea di *Al-Aqsa*. Il pericolo costante che vi si percepisce potrebbe tramutarsi in morte in qualsiasi momento. Non sono sorpreso da queste sensazioni. Mentre siamo circondati da tutta questa bellezza geografica e architettonica, penso che qualcosa di immensamente violento possa accadere qui in questo secolo. È facile prevederlo, considerando il passato e le attuali circostanze.

Perlustriamo la zona. L'altopiano del Monte del Tempio è enorme, circa undici campi di calcio. Alcuni dei palazzi sono chiaramente, dal punto di vista architettonico, non di fattura mussulmana. Infatti la moschea di fronte somiglia ad un' antica chiesa tradizionale romanica, come tante chiese del XII e XIII secolo viste in Europa.

Cerco di entrare nella Cupola della Roccia. La guardia all'inizio mi guarda in modo amichevole. Mi chiede di dove sono. Io rispondo 'Italy.' Credo che lui si aspettasse che venissi da un paese del Nord Africa o del Medio Oriente. Poi, con uno sguardo speranzoso, mi chiede se sono un mussulmano. Devo rispondere la verità: non lo sono. Il suo viso diventa austero; e mi viene incontro con due passi, ordinandomi di allontanarmi dall'entrata. Non posso entrare.

Perchè non possiamo entrare, pacificamente e rispettosamente, in questa moschea? Perchè non possiamo nemmeno camminare intorno a questa grande piazza, tanto bella? Storicamente, questa è stata un luogo santo anche per altre religioni. Perchè tanto fanatismo? Chiaramente l'atteggiamento che si percepisce è che per loro l'Islam sia la migliore, l'unica vera religione, e che solo i mussulmani possono trascorrere del tempo qui, il posto migliore di Gerusalemme. Non è giusto. Alle 10 siamo obbligati ad andare via. Ci è stato possibile, proprio come tutti gli altri, entrare nel Santo Sepolcro. Ci è stato permesso di pregare sul Muro Occidentale. Non capisco perchè distinguere e non poter entrare nel posto sacro dei mussulmani.

Intorno alle 13:00, Anna e la sua famiglia Masci ci lasciano per andare all'aeroporto e tornare in Italia. Abbiamo trascorso dei momenti bellissimi insieme. Paola, Andrea, Pietro ed io decidiamo di andare al Monte degli Ulivi. La vista è magnifica e facciamo un bel po' di foto. Qui è dove Gesù insegnò, e dove pianse sulla città (Luca, 19:41). Questo episodio è commemorato dalla chiesa a forma di lacrima *Dominus Flevit* ('Il Signore piange' in latino), un po' più a valle da dove scattiamo le foto.

Continuiamo la passeggiata in discesa dal Monte degli Ulivi, per la strada 'Domenica delle Palme.' È ampia abbastanza per una sola automobile. La maggior parte del traffico consiste di fedeli cristiani a piedi. A volte passa un taxi in cerca di clienti che cerca di persuadere qualcuno di noi a saltarci su. Questa strada porta agli antichi alberi di ulivo del giardino del Getsemani. Qui è dove Gesù fu baciato da Giuda e poi arrestato.

Il giardino è piccolo rispetto a quello che avevo immaginato. Ma ci sono ancora degli antichi alberi di ulivo molto belli, forse circa una trentina, molto vicini gli uni agli altri, come si vedono tuttora nelle campagne del mio natio Abruzzo. I loro tronchi sono molto grandi, e Andrea dice "sembrano vecchi." Si dice infatti che alcuni di questi ulivi siano gli stessi che Gesù vide e toccò. Hanno circa 2000 anni. Le curve e il contorcimento di questi alberi mi fanno sovvenire in mente le pene a cui Gesù fu sottoposto nel momento del tradimento e della morte.

Adiacente a questo giardino c'è la 'Chiesa di tutte le nazioni.' Ha una facciata con un mosaico splendidamente colorato, facilmente visibile da molte zone di Gerusalemme. Sembra ed è in qualche modo moderna, costruita nel 1924. Di fronte all'altare c'è la Roccia dell'Agonia, dove si dice che Gesù abbia trascorso la sua Passione. Infatti l'antico nome di questa chiesa era Basilica dell'Agonia.

Su consiglio della mia guida Fodor, voglio arrivare alla Tomba del Giardino, che alcuni dicono sia il vero luogo del calvario e della sepoltura di Gesù. Una volta arrivati lì, con un giro di taxi più lungo del previsto, la troviamo chiusa. Per quanto deluso, continuando a leggere ancora la guida, mi rendo conto che le ricerche più attendibili dicono che questo, probabilmente, non è il vero luogo della sepoltura di Gesù. Sono meno deluso come scienziato, di più come turista.

Ci troviamo ora in un quartiere completamente mussulmano, e mi preoccupo un pochino visto che abbiamo con noi i bambini e non c'è nessun taxi in vista. Turisti provetti, guardando la cartina, ci accorgiamo subito, Paola ed io, che la Porta Damasco è vicina, a circa duecento metri da noi. Ci incamminiamo in quella direzione.

Gerusalemme è stata sotto il dominio mussulmano per più di 400 anni, poi i Papi decisero fosse ora che il "male fosse raddrizzato" e che la Terra Santa ritornasse sotto il dominio cristiano, come lo fu sotto l'Impero Romano. Da questa volonta' ebbero origine le Crociate. Di nuovo una guerra causata dalla religione. Le Crociate sono un'altra stupida perdita di migliaia di vite a causa di credenze religiose.

Nel 1099 i Crociati conquistarono Gerusalemme e massacrarono mussulmani ed ebrei. Tante leggende e personaggi tratti da questi eventi storici ci sono state raccontate a scuola, anche sotto forma di favole. Saladino fu il re mussulmano che resistette agli invasori cristiani. Riccardo Cuordileone - re Riccardo I d'Inghilterra - fu uno dei crociati più famosi.

I mussulmani conquistarono di nuovo Gerusalemme nel 1265 con i Mammalucchi. Furono costruiti importanti siti architettonici mussulmani sul Monte del Tempio e in tante altri parti di Gerusalemme.

Nel **1516 l'Impero Ottomano** guidato dai Turchi sconfisse i Mammalucchi, e prese il controllo di Gerusalemme e della Siria. Le mura intorno alla Città Antica di Gerusalemme furono costruite dagli Ottomani. Politi, la nostra guida ebrea, dichiara questo fatto come un evento di poca importanza. Le mura sono bellissime, per quanto mi riguarda, anche se sono tra le construzioni più nuove di Gerusalemme, avendo soltanto 500 anni.

Intorno alle mura ci sono diverse entrate. Una delle tante è la Porta Damasco. Ci sono diversi taxi intorno a questa porta. Ne prendiamo uno per la Città di Davide, dove vogliamo visitare il Tunnel di Ezechiele. Questo è un tunnel risalente ai tempi di Erode. Quando Gerusalemme, nuova capitale, stava per essere attaccata dagli Assiri, gli ebrei a Gerusalemme si resero conto che sarebbero rimasti presto senza acqua. Perciò in modo ingegnoso scavarono dei canali sotto le mura della città, in profondità, nella roccia, per collegare l'acqua corrente che era fuori le mura della città dalla valle di Kedron alla città. Alcuni iniziarono a scavare dalla valle, con le ginocchia sott'acqua nella corrente del sottosuolo. Altri cominciarono a scavare da Gerusalemme. Miracolosamente, non solo scavarono velocemente, ma talmente bene che si congiunsero! Immaginiamo la felicità quando l'acqua cominciò a defluire, in profondità e di nascosto dall'esterno della città, salvando la popolazione di Gerusalemme dalla siccità e dalla sete. Il tunnel ha preso il nome dal re Ezechiele, il re di quel periodo.

Andrea voleva percorrere l'intero tunnel, piuttosto stretto, e la cui acqua arriva fino alle cosce. In una dei miei pochi momenti di saggezza, gli dico di no, come anche Paola. Ci accordiamo per andare a camminare lungo un altro tunnel, alto appena un metro e novanta (appena sufficiente per me), e ampio meno di un metro, claustrofobico, ma fattibile. Più importante, è il fatto che ora fosse asciutto, senz'acqua.

Avevo inviato una email a Nachmy, e ci siamo messi d'accordo per incontrarci a Gerusalemme, appena fuori la Città di Davide, vicino alla Porta Dung. È con suo padre.

Nachmy è un ebreo moderno, ai miei occhi illuminato e tollerante. È avvocato. Ha incontrato una ragazza ebrea americana quando lei è venuta in Israele, l'ha sposata, e si sono trasferiti a Philadelphia nove anni fa. È uno dei migliori calciatori che abbia mai incontrato. E ne ho incontrati molti, anche brasiliani. Sono felice di vederlo.

Ma come sono tornati gli ebrei in questa terra, se il loro dominio finì nell'anno 66 d.C. a causa dei Romani?

È interessante che, **intorno al 1880, soltanto circa 50.000 ebrei vivevano nell'intera regione della Palestina**. Questo territorio era per la maggior parte un deserto, una regione governata dall'Impero Ottomano, e dove i Beduini, nomadi arabi, non usavano molto la terra per l'agricoltura.

Il Sionismo è la parola per indicare il desiderio degli Ebrei di ritornare verso ciò che loro sentono essere la loro terra. Come è scritto anche nella Bibbia, il libro più venduto e letto nella storia del mondo. La prima Conferenza Mondiale Sionista fu organizzata da **Theodor Herzl** e si tenne nel 1897.

Tel Aviv fu fondata nel 1919. *Degania*, il primo kibbutz, fu aperto lo stesso anno sulla riviera sud del Mar di Galilea.

La Prima Guerra Mondiale, tra molti altri cambiamenti, causò la fine dell'Impero Ottomano (che si era alleato con la Germania e perse). La Gran Bretagna, vittoriosa, ebbe il controllo della regione d'Israele, mentre la Francia occupò il Libano e i paesi vicini. Inoltre nel 1917 il governo britannico sostenne la creazione di un territorio ebreo con la dichiarazione Balfour. Iniziarono qui le tensioni moderne tra gli arabi e gli ebrei.

Una commissione britannica nel 1937 raccomandò la separazione del territorio in due stati. Nel 1939 la Gran Bretagna pubblica il 'White Paper,' che limita l'immigrazione degli ebrei in Palestina, e proibisce l'acquisto di terra da parte degli ebrei.

Durante la Seconda Guerra Mondiale com'è noto i Nazisti uccisero 6 milioni di ebrei, i due terzi degli ebrei residenti in Europa, durante l'Olocausto.

Nel 1947 con un voto veramente storico le Nazioni Unite approvano la formazione di uno stato ebreo indipendente in Palestina. Il Libano al nord, la Siria e la Giordania ad est, e l'Egitto al sud sono tutti stati arabi che circondano questo nuovo stato.

Nel **maggio del 1948, David Ben-Gurion** dichiara la nascita dello stato di Israele. Lo chiama *Eretz Israel*, la Terra di Israele. Ben-Gurion era stato il generale, e diventa il primo Primo Ministro d'Israele. Piu' di **600,000 ebrei** vivono ora nel loro proprio Stato.

Immediatamente, nel 1948, sette paesi arabi invadono il nuovo stato. Israele sopravvive all'invasione. Per molte ragioni. Per gli ebrei, per miracolo. Per altri, grazie alle migliaia e migliaia di armi spedite in particolare dagli Stati Uniti, insieme a molto denaro e sostegno da parte dei molti ebrei benestanti residenti in tutto il mondo. Probabilmente, anche a causa del limitato coordinamento fra eserciti arabi, che agirono in un certo qual modo disgiunti l'un l'altro e sicuramente in numero inferiore rispetto al nemico. Oggettivamente, perché quando difendi dall'attacco degli 'invasori' ciò che pensi sia una terra tua, la terra che ti è stata donata da Dio, è difficile sconfiggerti.

L'accordo di cessate il fuoco viene firmato nel gennaio del 1949. La Transgiordania (l'attuale Giordania) si annette la Sponda Occidentale (chiamata in inglese West Bank, e in italiano anche Cisgiordania) e la parte orientale di Gerusalemme. Le regioni intorno al Giordano, fiume sacro, sono sempre state quelle per cui più si è combattuto. L'Egitto si è annesso la striscia di Gaza.

Anche ora, Gaza è controllata dagli arabi, e la Cisgiordania è popolata soprattutto da arabi. È qui nella Sponda Occidentale che i coloni ebrei continuano a costruire case, a dispetto di un mandato di proibizione da parte dell'ONU. Ma costruendo le loro abitazioni (soprattutto *kibbutzim*) dappertutto in Palestina nel XX secolo, gli Ebrei sono stati in grado di convincere il mondo che questo è territorio loro. La loro forza di volontà è stata straordinaria.

Gli arabi palestinesi che si trovarono ad abitare nel nuovo stato di Israele per la maggior parte fuggirono, o furono espulsi. Così cominciò una nuova diaspora, questa volta di arabi invece che di ebrei. Alcuni arabi rimasero, e divennero cittadini d'Israele. Anche ora, nel 2010, i mussulmani arabi rappresentano circa il 25% della popolazione di Israele, sono più di un milione. Nella stessa Gerusalemme, proclamata capitale dallo stato di Israele, ci sono 400.000 ebrei, e anche 300.000 arabi.

Nel 1949 il nuovo stato d'Israele approva la Legge del Ritorno, che permette ad ogni ebreo di qualunque nazione di ottenere la cittadinanza nel nuovo stato in base semplicemente alla religione. Ne seguì presto una massiccia immigrazione. È interessante che quasi un milione di ebrei sefarditi, provenienti in particolare da Marocco, Algeria, Libia, Egitto e altri paesi nord africani, e da Siria, Libano, Iran, Iraq, dalle famose comunità Yemenite e da altre nazioni medio orientali, immigrarono in Israele tra il 1940 e il 1960. La popolazione ebrea di Israele raddoppiò in tre anni e mezzo, e triplicò in dieci anni.

Nel 1990, dopo la fine della guerra fredda nel 1989, inizia una massiccia immigrazione di ebrei russi, oltre 700,000 provenienti dall'ex Unione Sovietica. Gli **Ebrei Ashkenaziti**, gli ebrei dall'Europa, soprattutto l'Europa dell'est come la Russia e la Polonia, oggi dominano Israele e la sua politica. Gli **Ebrei Sefarditi,** che arrivarono in Israele dai territori arabi, inclusa la Spagna, sono meno privilegiati.

L'Organizzazione per la Liberazione della Palestina (OLP) fu fondata nel 1964. Si rifiutò di riconoscere Israele, e richiese invece uno stato indipendente per i Palestinesi. L'indipendenza di Israele è chiamata dagli arabi la *Nacha*, la 'catastrofe.'

Nel 1967 durante la Guerra dei Sei Giorni, Israele occupa la parte orientale di Gerusalemme, Gaza, la Cisgiordania, e le alture del Golan.

Nel 1973, una coalizione di stati arabi attacca Israele durante la loro giornata sacra dello *Yom Kippur*.

Nel 1982 la guerra libanese registra l'invasione e l'occupazione della Libano meridionale da parte di Israele.

Nel 1987 con l'*Intifada* (la rivolta) iniziano altre ribellioni e guerriglie da parte degli arabi palestinesi.

Nel 1994, negli accordi di Oslo vengono riconosciuti reciprocamente Israele, l'OLP, e l'autonomia palestinese nella striscia di Gaza.

Nel 1999, dopo l'elezione a primo ministro di Ehud Barak, Israele si ritira dal sud del Libano.

Nel 2001-2002 scoppia la seconda *Intifada*: dei kamikaze arabi terrorizzano Gerusalemme e altre città israeliane con attacchi mirati specialmente a luoghi pubblici, in particolare mercati e autobus. Secondo il racconto di Sorina, Gerusalemme era diventata una città fantasma. Durante questa seconda Intifada finita nel 2005, muoiono circa 3000 persone tra ebrei ed arabi.

Nel 2005 termina l'occupazione israeliana di Gaza, e questo territorio è ora a governo autonomo. Nel 2006, *Hamas* vince le elezioni, inaspettatamente, per lo meno per coloro che abitavano fuori da questa parte del mondo.

Attualmente ci sono circa 1.5 milioni di arabi palestinesi che vivono a Gaza. In Cisgiordania, sotto governo israeliano ma parzialmente autonomo, 2.4 milioni di arabi palestinesi condividono questo territorio con meno di 200.000 israeliani. È qui che continua la controversia dei nuovi stanziamenti ebraici non autorizzati dall'ONU.

Nel resto di Israele ci sono circa sette milioni di persone. Più del 75%, circa sei milioni, sono ebrei. Di questi, almeno il 15% sono ortodossi, e seguono la *Torah* - i cinque Libri di Mosè, o anche i primi cinque della Bibbia - alla lettera. Non fanno niente durante lo *Shabat*, dal tramonto del venerdì al tramonto del sabato, e si attengono ai principi alimentari *kosher*. Gli *Haredim*, o ultraortodossi, indossano cappelli e abiti neri. Le loro mogli si coprono sempre ginocchia e gomiti, e spesso indossano parrucche per coprirsi i capelli.

Circa un milione di abitanti di Israele sono mussulmani, di cui circa 100,000 sono ancora beduini. Questi arabi sono soprattutto sunniti tradizionalisti. Ma ci sono circa 100,000 drusi, che parlano arabo e sono seguaci di una religione distinta che si staccò dall'Islam intorno al 1000 d.C. In Israele vivono anche circa 100.000 arabi cristiani.

I mussulmani di Israele non fanno il servizio militare, che è invece obbligatorio in questa nazione, per evitare contrasti tra arabi ed ebrei. I drusi invece lo fanno.

È ora purtroppo di lasciare Israele. Lo facciamo dall'aeroporto di Ben-Gurion, l'aeroporto chiamato così dal nome del 'padre' del nuovo stato d'Israele.

Prendiamo il volo di ritorno alle 11:55, un volo diretto da Tel Aviv a Philadelphia. Dopo meno di 30 minuti di volo, chiedono se c'è un dottore a bordo. Un uomo di fronte a me si alza immediatamente, e perciò mi siedo di nuovo. Dopo quattro ore di volo, mentre dormiamo profondamente, chiamano di nuovo lo stesso dottore per aiutare qualcuno nella seconda fila di sedili, in prima classe. Subito dopo, mentre cerco di dormire con Andrea sdraiato sulla mia spalla, sento l'aereo che sta virando. Mi rendo conto, mentre i miei occhi sono ancora chiusi, che stiamo facendo un'atterraggio di emergenza da qualche parte, data l'emergenza medica del caso.

Lunedì, 29 Novembre

Infatti, dopo 15 minuti da quando sento che l'aereo sta perdendo quota, il capitano annuncia ciò che avevo immaginato. Atterreremo a Francoforte, in Germania, in 15 minuti, a causa di un'emergenza medica a bordo. Il mio orologio è già programmato all'ora di Philadelphia, dove sono le 10:30 circa di notte di domenica. Atterriamo dopo pochi minuti, intorno alle 4:30 di lunedì mattina ora di Francoforte. L'aereo si ferma in mezzo alla pista. È ancora buio pesto. Vedo fuori dal finestrino un camion dei pompieri. Le porte dell'aereo si aprono. Ci dicono di stare tutti ai nostri posti, mentre i paramedici si affrettano ad entrare nell'aereo.

Indossano dei camici rossi brillanti. Li vedo ora nell'area della prima classe. Sono tutti intorno qualcuno che probabilmente è steso per terra. Uno lo sta rianimando facendogli le compressioni sul petto, la CPR (rianimazione cardiopolmonare). Spero per l'uomo che la rianimazione sia fatta in modo efficace e celere, e che possano portarlo in un luogo più adatto per le cure mediche. Ma la CPR continua per più di 30 minuti. Scopriamo che il dottore di fronte a me, ora di ritorno dalla prima classe, è un anestesista. Presto ci conferma ciò che temevo. L'uomo è morto.

Eppure i paramedici non se vanno per un bel po'. Passa un'ora, sono le 5:30. Comincio a temere che debbano essere redatti tanti documenti visto il triste evento. E che stiano pensando di chiamare un nuovo equipaggio, nuovi piloti e personale. Mi riaddormento. Dopo le 6:00, il pilota conferma: il nostro volo è stato cancellato. Dobbiamo scendere dall'aereo, riprendere le valigie e trovare un modo per tornare a Philadelphia da Francoforte.

Mi rendo conto che non riuscirò ad essere presente agli appuntamenti, agli incontri, e ai vari turni di lavoro che avevo in programma. Bene, dato che c'è stato un decesso sull'aereo, mi sforzo di vedere le cose nella giusta prospettiva, prenderle con tranquillità, senza innervosirsi inutilmente. Paola, Andrea e Pietro sono meravigliosi e non si lamentano.

La lotta per prendere un sedile sul prossimo volo diretto Francoforte-Philadelphia è feroce, dal momento che centinaia di persone lo richiedono. Le autorità tedesche per una volta si dimostrano disorganizzate, e non sono per niente preparate ad accoglierci, e aiutarci in modo efficiente.

Mentre aspettiamo che si aprano gli sportelli per chiedere di farci i biglietti per Philadelphia, tutti e quattro insieme andiamo da Starbucks e ci rifocilliamo con tanti zuccheri e caffeina. Più tardi incontriamo un simpatico uomo nero che sta guardando fuori dalla finestra. Ci chiede se ciò che vede fuori sia neve. Ci dice che viene dalle Barbados e non ha mai visto la neve. Deve avere almeno 35 anni! Andrea e Pietro sono sorpresi. Sì, è neve! Oh mamma mia, adesso potremmo ritardare anche per la neve.

Per fortuna sono un membro Platinum della US Airways, e Paola un membro Gold. Alla fine saliamo sul volo Francoforte-Philadelphia. Fuori sta nevicando. Rimaniamo a bordo dell'aereo per oltre cinque ore, aspettando che si sghiacci. Che sfortuna! Intorno alle 6:00 di sera ora locale tedesca ci informano che dobbiamo scendere dall'aereo. Dobbiamo aspettare fin dopo le 7:00 prima di avere di nuovo le nostre valigie. Alle 9:00, distrutti, arriviamo in un hotel e mangiamo al ristorante. Intanto sono caduti circa 20 cm di neve a Francoforte. Nel frattempo al telefono, prenoto per martedì – il giorno dopo - un volo Francoforte-Philadelphia per le 12:45 del primo pomeriggio. Domani sarà un 'déjà-vu'.

Martedì, 30 Novembre

Finalmente siamo su un aereo che dovrebbe riuscire a riportarci a casa, a Philadelphia. Sono seduto vicino ad una donna ebrea, piccolina, intelligente, carina, socievole. Lavora all' NIH (Istituto Nazionale della Sanità statunitense), e si rivela un altro membro della religione ebrea spigliato, interessante, e brillante. Siamo esausti però, e tutto quello che desidero è un po' di silenzio e di pace. E sogno in particolare di arrivare a casa. Sogno che finalmente riusciamo a realizzare. Anche se con un ritardo di 36 ore e molta sfortuna, tutti questi piccoli ostacoli sono pur valsi la pena, visto questo viaggio mitico, il viaggio di una vita.

Foto di copertina

Preghierie, scritte su pezzi di carta, inserite nel Muro del pianto, a Gerusalemme.

Ringraziamenti

Andrea P. Berghella

Amen Ness

www.ingramcontent.com/pod-product-compliance
Lightning Source LLC
Chambersburg PA
CBHW042314150426
43200CB00001B/13